HISTOIRE

DE LA COMMUNE DES

CHAPELLES-BOURBON

(SEINE-ET-MARNE)

PAR

JULES LEGOUX

PARIS
Société d'Imprimerie et Librairie Administratives
Paul DUPONT
41, RUE J.-J.-ROUSSEAU (HOTEL DES FERMES)

1886

HISTOIRE

DE LA COMMUNE DES

CHAPELLES-BOURBON

SEINE-ET-MARNE)

DU MÊME AUTEUR

Du droit de grâce en France comparé avec les législations étrangères, 1 vol. in-8, 2e édition. . . . . 5 fr. »

Les Propos d'un Bourgeois de Paris, in-18, 3e édition. . . . . 3 fr. 50

Le Prétexte, comédie en un acte, en prose, in-18, jouée sur le théâtre du Vaudeville, 2e édition. . . . . 1 fr. 50

Cinq ans après, saynète, in-18, 2e édition. . 1 fr. »

Par Téléphone, saynète, in-18, 2e édition. . 1 fr. »

Monsieur mon Parrain, saynète in-18, 2e édit. 1 fr. »

Lettres d'Amour, saynète, in-18, 2e édition. 1 fr. »

Autour d'un Chapeau, saynète, in-18, 2e édit. 1 fr. »

Panoplie, monologues patriotiques, etc., in-18, 2e édition. . . . . 1 fr. 50

Paris-Imp. PAUL DUPONT. — 2772.12.85

HISTOIRE

DE LA COMMUNE DES

CHAPELLES-BOURBON

(SEINE-ET-MARNE)

PAR

JULES LEGOUX

PARIS

Société d'Imprimerie et Librairie Classiques et Administratives

PAUL DUPONT

41, RUE JEAN-JACQUES-ROUSSEAU, 41

1886

PRÉFACE

Il y a cinq ans, lorsque la confiance de mes collègues du Conseil municipal m'appela à l'honneur de diriger la mairie des Chapelles-Bourbon, l'un de mes premiers soins a été de tenter la reconstruction du passé de notre commune.

Non seulement je dus diriger mes investigations du côté des registres de l'état civil, des registres des délibérations du Conseil municipal, et les conduire dans l'amoncellement de papiers d'âges différents qui se trouvaient enfouis sans ordre dans l'ancienne mairie; mais je les ai encore poursuivies plus loin : la Bibliothèque nationale de Paris et les archives de la préfecture de Seine-et-Marne (1) m'ont donné de précieux documents.

En même temps, j'étudiai les auteurs anciens ou contemporains qui pouvaient me fournir des renseignements, souvent trop rares, sur les Chapelles (2).

Enfin, je consultai la mémoire des vieillards de la commune, même de ceux qui avaient quitté le pays.

C'est le résultat de ces nombreuses recherches que, avec le concours dévoué et intelligent de M. Hodier, instituteur, j'ai réuni dans le présent traite. J'ai cherché à être bref, précis et surtout exact.

Sans doute, je n'avais pas la prétention de trou-

---

(1) Je suis heureux de remercier M. Lemaire, archiviste de la préfecture de Melun, de l'empressement avec lequel il m'a communiqué le résultat de ses intéressants travaux sur le département, ainsi que M. Lhuillier, chef de division à la préfecture, un chercheur doublé d'un érudit.

(2) Auteurs à consulter :

1° *Histoire du diocèse de Paris,* par l'abbé Lebœuf.

2° *Collection des documents inédits,* par Guilhermy.

3° *Essais historiques et statistiques sur le département de Seine-et-Marne,* par Michelin.

4° *Histoire du département de Seine-et-Marne,* par le docteur Félix Pascal.

ver, à l'actif de notre commune, des faits historiques mémorables; mais j'avais la ferme volonté de relever toutes les circonstances importantes touchant l'histoire particulière des Chapelles-Bourbon.

Je désirais, en un mot, autant que possible, rétablir l'existence antérieure de notre pays, permettre à chacun de nous de retrouver facilement, à leurs dates, les faits d'autrefois et de reconstituer la vie municipale des temps passés, en dressant une sorte de dictionnaire chronologique.

Que de fois il nous est arrivé, dans les délibérations du Conseil, de chercher la date exacte d'un fait qui s'était passé, il y avait à peine quelques années, et de ne pas la retrouver. Heureux encore quand l'existence du fait lui-même ne venait pas à être révoquée en doute de la meilleure foi du monde, par l'un d'entre nous !

Hélas ! c'est une loi cruelle de la nature, tout meurt, tout disparaît, tout s'efface. Mais c'est, en revanche, pour l'homme une obligation, en quelque sorte d'existence, que celle de combattre ce grand ennemi qui se nomme l'Oubli. Comme les sables brûlants du désert ensevelissent en leur sein des caravanes entières, de même l'oubli enferme souvent le passé en un linceul impénétrable.

Or, il faut que les honnêtes gens réagissent contre les compromissions de conscience, les faiblesses de caractère raisonnées, qui font que, ignorant d'hier, insouciant de demain, chacun ne vit que pour le présent. Qu'on y prenne garde : l'égoïsme — car ici l'oubli n'est autre chose qu'une forme de l'égoïsme — devient alors le fait d'un mauvais citoyen.

Cette appréciation peut, au premier abord, paraître sévère; en réalité, elle n'est que juste : Croit-on, en effet, que les devoirs des Français soient différents, suivant la latitude sous laquelle ils vivent et la commune où ils paient leurs contributions?

Est-ce que, seuls, les habitants des villes auraient le privilège de s'inquiéter de l'avenir de leur pays et d'en connaître l'histoire?

Est-ce que, au contraire, les préoccupations patriotiques locales ne sont pas pour celui qui vit à la campagne, comme pour le citadin, un devoir rigoureux qui s'impose?

L'affection et le dévouement que l'on porte aux lieux où l'on vit, se mesurent-ils au nombre des habitants et à celui des habitations?

Le Parisien sera-t-il plus soucieux des intérêts de sa ville que je ne le suis, moi, des intérêts des Chapelles-Bourbon, parce que, dans sa commune, il y a deux millions d'habitants de plus que dans la mienne?

Le seul énoncé d'une semblable prétention nous en montre toute l'absurdité; il nous ramène en même temps à la réalité des choses.

On a dit que tous les Français étaient égaux devant la loi. Il faut ajouter qu'ils le sont également devant l'amour du pays: Et qui l'aurait plus au cœur, ce généreux amour, que les hommes qui habitent aux champs, qui vivent en communion constante avec la terre du pays, la connaissent jusque dans ses entrailles, la cultivent et la fécondent. Aussi, aiment-ils profondément cette terre de leur village, d'abord pour le mal qu'ils éprouvent à la cultiver, ensuite pour le bien qu'elle leur rend au jour de la récolte; ils aiment leur village lui-même, dont ils connaissent à merveille la vie communale, à laquelle ils prennent quotidiennement une part active.

Eh bien! c'est satisfaire à leurs vœux légitimes que de les mettre à même de connaître l'histoire de leur commune et de les intéresser ainsi à son avenir.

Tel est le but que je m'étais donné et que je serais heureux d'avoir atteint.

J'avais voulu, en outre, faire un travail qui fût utile à nos enfants :

Ce qu'il faut développer, en effet, chez eux, c'est l'amour de la Patrie, grand mot qui représente une idée noble entre toutes, mais qui a besoin, en quelque sorte, d'être matérialisée, afin que leur jeune intelligence puisse la comprendre. Pour remplir ce programme, il ne suffit pas de leur apprendre l'histoire de la France dans sa généralité, il faut encore leur enseigner, d'une façon spéciale, l'histoire de cette petite famille qui a nom : la Commune, l'histoire du coin de terre où ils sont nés et où ils sont le plus souvent destinés à vivre.

Voilà ce que j'ai tenté de faire. Mon œuvre n'est certainement point parfaite ; mais j'ai la conscience d'avoir apporté dans mes recherches le respect de la vérité, sans aucun parti-pris politique. Tout modeste qu'il soit, j'estime qu'un semblable travail fait avec soin, même dans les plus petites communes comme celle-ci, serait intéressant, non seulement pour l'histoire locale, mais aussi pour l'histoire générale de la France.

Le Ministre de l'Intérieur qui, d'accord avec son collègue de l'Instruction Publique, invitera les maires de toutes les communes rurales à entreprendre, avec le concours des instituteurs, pareille reconstitution, attachera son nom à une œuvre éminemment patriotique : il préparera ainsi les éléments d'une grande et véridique histoire nationale.

En ce qui touche spécialement les Chapelles-Bourbon, je me permets de formuler, en finissant, un vœu : C'est que les magistrats municipaux, qui se succéderont dans la mairie, aient le soin de tenir au courant le livre de la Famille Communale que j'ouvre aujourd'hui avec l'espoir qu'il pourra être utile à mes chers concitoyens (1).

Je les prie d'en accepter ici l'affectueux hommage.

J. L.

25 décembre 1885.

(1) Tous les chefs de famille de la commune recevront un exemplaire de la présente histoire des Chapelles-Bourbon.

Des pages blanches ont été réservées à la fin de certains chapitres, afin de permettre à chaque propriétaire de l'un de ces exemplaires et à ses successeurs d'avoir cet exemplaire au courant pendant une très longue suite d'années : Ils inscriront à leurs dates les principaux faits qui viendront à se produire, et tiendront à jour les différents tableaux concernant les autorités communales. En agissant ainsi, ils feront acte de bons citoyens et auront bien mérité de leurs descendants.

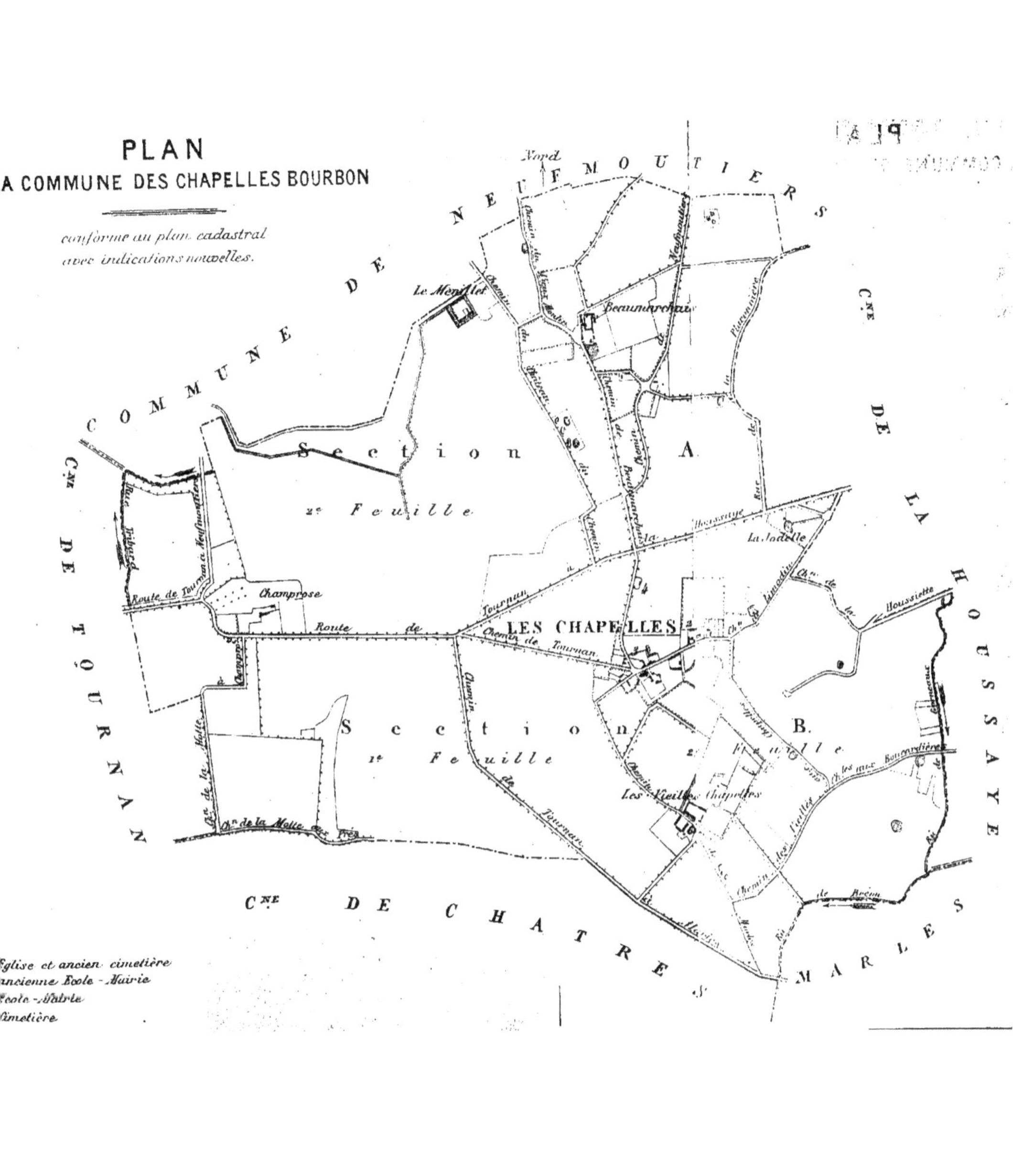
PLAN
A COMMUNE DES CHAPELLES BOURBON
conforme au plan cadastral
avec indications nouvelles.
Nord
COMMUNE DE NEUFMOUTIERS
Cne DE LA HOUSSAYE
Cne DE TOURNAN
Cne DE CHATRES
MARLES
Section A
2e Feuille
Section B.
1e Feuille
2e Feuille
LES CHAPELLES
Le Menillet
Beaumarchais
Champrose
La Jodelle
Les Vieilles Chapelles
Route de Tournan
Chemin de Tournan
Eglise et ancien cimetière
ancienne Ecole - Mairie
Ecole - Mairie
Cimetière

PRÉCIS HISTORIQUE

Vers la fin du XIe siècle, une dame Haoüis, épouse de Guillaume de Garlande, (1) seigneur de Garlande, de La Houssaye, de Livry, de Tournan, et d'une grande partie du pays environnant, fonda une première chapelle, puis une seconde, proche de la première, et en fit don à l'Abbaye de Saint-Maur-des-Fossés, qui possédait un prieuré à Tournan.

En 1182, Guy de Garlande, seigneur de Tournan, confirma la donation précédemment faite par son aïeule.

Maurice de Sully, évêque de Paris, confirma à son tour ces deux églises au monastère de Saint-Maur (1195).

Autour de ces deux chapelles, s'élevèrent bientôt des maisons qui formèrent une paroisse. Cette paroisse tira naturellement son nom de la situation même des lieux, en y ajoutant le nom de sa fondatrice. Voilà comment, il y a 600 ans, naquirent « *Les Chapelles-Haoüis* ».

Cette paroisse était, quant au civil, de l'Élection de Rozoy. Au point de vue religieux, elle releva de l'évêque de Paris, seulement à partir de l'année 1536, époque à laquelle l'Abbaye de

---

(1) Voir page 131.

Saint-Maur fut attachée au diocèse de Paris. La nomination du curé fut alors reportée de l'abbaye à l'évêché. Plus tard la paroisse fut placée dans la circonscription du Vieux Doyenné de Corbeil (1).

C'est seulement à la suite du Concordat de 1802, qu'elle fut définitivement comprise dans le diocèse de Meaux.

Les pouillés des XIIIe, XVe et XVIe siècles font mention des deux chapelles : l'une nommée — *Chapelle-Haoüis*; et l'autre, — *Eloïse*, sans doute du nom de quelque dame de Garlande.

Dans l'acte de confirmation des deux églises à l'Abbaye de Saint-Maur, Guy de Garlande s'exprime en effet ainsi :

« Alias duas Capellas quas dedit Domina Hadwidis, avia mea, quarum una dicitur Nova Capella ; altera Vetus Capella. »

Cependant, l'une de ces chapelles, l'ancienne, disparut bientôt. La nouvelle subsista encore pendant 200 ans environ et a dû être remplacée par l'église actuelle. Il n'y a pas lieu de croire, en effet, que celle existante aujourd'hui soit l'une des églises bâties par Haoüis de Garlande. Il est probable, si nous en jugeons par son architecture, qu'elle ne remonte pas à plus de 400 ans.

La cloche, qui est du style Renaissance, est encore plus récente; elle porte la date de 1522, et le nom de « Paillard », qui était à cette époque, seigneur du lieu. Cette église a la forme d'une croix. Comme un grand nombre d'édifices religieux de cette époque, le chœur n'est point placé perpendiculairement dans l'axe du fond de l'église. Les auteurs du temps prétendent que cette bizarrerie de construction a un motif pieux :

(Voir page 105 et suivantes.

En faisant ainsi pencher, pour ainsi dire, l'église à son sommet, c'est-à-dire en plaçant le chœur un peu de côté, les architectes ont voulu représenter la tête du Christ, penchée sur la croix.

Les murs de l'église et des deux chapelles latérales sont ornées d'une longue série d'armoiries, malheureusement recouvertes par un badigeon, provenant d'une époque inconnue.

Il a été impossible jusqu'ici de dégager de la détrempe ces armoiries que l'on ne fait que deviner sous la couche épaisse qui les cache. Cela est d'autant plus fâcheux qu'au point de vue de l'histoire de la commune, il eût été intéressant de reconstituer ces nombreux écussons, dont la suite formait, je crois, une ornementation unique qui ne se trouve dans aucune des églises de notre contrée.

Quant aux deux chapelles primitives, on pense généralement qu'elles étaient situées au midi de l'église actuelle du côté de « La Grande-Ferme » qui porte aussi le nom de « Les Vieilles-Chapelles ». Peut-être ce dernier nom lui vient-il de ce que les « Vieilles » églises, ou l'une d'elles, étaient élevées sur cet emplacement.

A la date de 1522, on trouve des actes officiels constatant que, dès cette époque, l'église actuelle était déjà consacrée à saint Vincent.

Sur le territoire de la même paroisse, fut élevée, par la suite, une troisième chapelle sous le vocable de « N. D. », située dans le château de Beaumarchais dont il est fait mention spécialement dans un acte du 20 septembre 1641. Dans les registres de la paroisse on relève les noms de plusieurs de ses chapelains.

Cette chapelle fut érigée, vers cette époque, par Nicolas Lamberty, seigneur du Breuil et de

Beaumarchais. La nomination du desservant appartenait à l'archevêque de Paris.

Cependant, le village qui s'appelait régulièrement « Les Chapelles-Haoüis », mot qu'on trouve orthographié « Hawis, Hellois, Héloïse, Helloysis, Hains, aux Hoins et aux Oins », tous dérivés de son véritable nom, fut dénommé au XVIe siècle dans certains actes « Les Chapelles-en-Brie », du nom de la province. Le nom des « Chapelles-Haoüis » continua cependant à prévaloir.

Dans l'avant-dernier siècle, M. le Tonnelier, comte de Breteuil, marquis de Fontenay, devint seigneur des Chapelles et il obtint du Roi que le village portât son nom et fût appelé « Les Chapelles-Breteuil ». Les lettres patentes constatant le fait furent enregistrées au Parlement le 27 mars 1691.

Avant les Breteuil, la paroisse des Chapelles avait eu pour seigneurs; les Garlande, les Villiers, les Cuise, les Paillart, les Le Picart, les Biet ou Byet, les Guibillon du Colombier. Après les Breteuil, ce fut le marquis de Moras; enfin, le duc de Bourbon-Penthièvre.

La filière des seigneurs de la paroisse se trouve trois fois interrompue:

1° de 1080 à 1166, pendant une période de 86 ans;

2° de 1293 à 1405, pendant une période de 112 ans;

3° de 1580 à 1644, pendant une période de 64 ans.

Malgré toutes mes recherches, il a été malheureusement impossible de remplir ces trois vides.

C'est en 1776 que le duc de Penthièvre, de la

famille royale des Bourbons, devint seigneur de la paroisse qui, à partir de ce moment, prit le nom de « Chapelles-Bourbon ».

Lors de la Révolution Française, la commune changea une cinquième fois de nom: elle s'appela « Les Chapelles-Union », écrit quelquefois « Les Chapelles-l'Union » (fin de 1793).

Plus tard, elle reprit son nom de « Chapelles-Bourbon », qu'elle n'a pas quitté depuis cette époque (fin de 1815).

Cette commune paraît avoir été, il y a deux ou trois cents ans, plus importante qu'elle ne l'est aujourd'hui, ou tout au moins, le nombre des habitants devait être plus considérable. En admettant que la population du village lui-même n'ait pas subi une grande diminution, puisque le chiffre le plus élevé, que nous fournit la statistique, donne 121 habitants en 1790, il est certain que les écarts avaient une plus grande importance qu'aujourd'hui.

Ainsi, le château des Chapelles, dont il ne reste plus de trace, et la ferme du même nom devaient contenir un personnel nombreux. Ce château était probablement situé du côté de la ferme actuelle, dite « la Grande-Ferme ou des Vieilles-Chapelles, » dénomination qui autorise à croire que là se trouve le berceau de la commune. Le parc faisant aujourd'hui partie de la propriété dite « Le Pavillon », autrefois « Le Presbytère » semble, par les travaux d'art qu'on y retrouve, avoir appartenu jadis au château du pays, qui devait donner d'un côté sur le parc et de l'autre au lieu dit « Les Vieilles-Chapelles ». Du reste, les seigneurs habitaient peu le château qui probablement n'avait pas l'importance de certains autres de leurs domaines:

Les Garlande habitaient le château de ce nom aujourd'hui détruit, près La Houssaye, et leur domaine de Tournan. — Les Breteuil : Fontenay Trésigny. — Le duc de Penthièvre : Sceaux, Bizy, près de Vernon, ou Ferroles, près de Brie-Comte-Robert.

— Le château et la ferme de Beaumarchais, ainsi que le Petit-Beaumarchais formaient un groupe d'habitations contenant environ dix à douze familles.

Il est à noter, pour faire suite à ce que je viens de dire, que les seigneurs de Beaumarchais paraissent dans les actes de la paroisse bien plus fréquemment que ceux des Chapelles. — Il en est de même des seigneurs du Ménillet et de Champrose.

— Le château et la ferme du Ménillet devaient avoir une certaine importance, puisqu'on note dans ses dépendances un charron, un maréchal, un scieur de long et des familles de manouvriers.

— Dans le domaine de Champrose se trouvaient, outre le château, un moulin et une ferme qui seule subsiste maintenant.

— La Jodelle, qui n'est plus qu'une maison inhabitée, était, il y a une centaine d'années, une ferme d'une certaine étendue.

Enfin des écarts aujourd'hui disparus, comme : La Honteuse, ou Petite-Honteuse, — Le Trou-aux Rus, — La Bretèche, où suivant la légende il y avait autrefois une forteresse, et la ferme de La Mare Matra devaient fournir un nombre relativement important d'habitants (1).

Quant à l'histoire de notre cher pays, elle peut

(1) Voir page 97 et suivantes, les notices spéciales concernant ces domaines.

se résumer en deux mots: On y a toujours aimé et cultivé la terre, la mère nourricière par excellence. Les hommes ont toujours rempli avec succès et dévouement la profession, noble et utile entre toutes, d'agriculteurs, profession auprès de laquelle toutes les autres sont bien peu de chose.

Les femmes ont toujours été les aides consciencieuses et fidèles de leurs maris dans les travaux de la culture. Elles ont appris à leurs enfants le respect des choses saintes et l'amour de la patrie. Ainsi, ceux qui nous ont précédés aux Chapelles ont dignement rempli leurs devoirs de pères et de mères de famille; ils nous ont laissé un précieux exemple à suivre, et nous devons leur conserver un pieux souvenir.

Les personnages ayant appartenu aux Chapelles et qui ont marqué plus particulièrement dans la direction des affaires de l'État, sont les suivants : M. de Breteuil, marquis de Fontenay, seigneur des Chapelles, qui fut ministre de la guerre et mourut en 1743, — Le marquis de Peirenc de Moras, qui fut contrôleur général des finances, maître de la marine en 1756 et seigneur des Chapelles. — Augereau, duc de Castiglione, maréchal de l'Empire, propriétaire du château de la Houssaye et de Champrose. — Le général baron de Berthois, propriétaire du château de Beaumarchais. — Bastide, propriétaire du château du Lymodin et de la Jodelle, qui fut ministre des affaires étrangères en 1848, etc. (1).

J'aurais dû citer, le premier de tous, le poète Estienne Jodelle, sieur du Lymodin, né en 1532, qui fut un des créateurs de l'art dramatique

(1) Voir page 134 et suivantes, les notices biographiques.

« et qui toujours ses œuvres n'a dressé qu'à la gloire de la France » comme l'a écrit Charles de La Motte, dans la préface des œuvres du poète publiées après sa mort, en 1573.

Jodelle fut une des gloires littéraires de son temps. Nous devons être fiers de l'avoir pour compatriote. C'est de lui que tire son nom la portion de territoire de notre commune qui se nomme encore aujourd'hui « La Jodelle ».

Je ne dois pas oublier, dans un autre ordre d'idées, deux hommes de bien par excellence : les deux frères Caron, qui furent les bienfaiteurs de cette commune. L'un d'eux, Pierre-Alexis Caron-Givramont, qui habitait le pavillon des Chapelles fut maire de 1824 à 1831. L'autre, Antoine-François Caron, domicilié à Paris, était propriétaire de la terre de Champrose. Il donna par acte de dernière volonté (non régularisé, il est vrai, suivant le vœu de la loi), une rente perpétuelle de 600 fr. 5 pour 0/0, sur l'État, à la commune des Chapelles-Bourbon. Son neveu, M. Alexis Granger, ne voulant pas profiter de l'irrégularité de l'acte et désirant satisfaire aux intentions généreuses de son oncle, s'empressa de faire délivrer à la commune le titre de rente de 600 francs dont il s'agit (17 juin 1836).

L'étude des *Faits principaux* de l'histoire des Chapelles-Bourbon, présentés chronologiquement, complètera utilement la lecture de ce Précis très succinct — mais je ne dois pas oublier, en finissant, la double tentative qui a été faite pour enlever à notre commune son existence légale :

En 1840, on a ouvert une enquête pour réunir les Chapelles-Bourbon à La Houssaye, et en 1841, une autre enquête pour les adjoindre cette fois à Neufmoutiers. Les habitants des Chapelles, ayant à leur tête le maire et les conseillers municipaux, se sont opposés de toutes leurs forces à ces réunions qui auraient été la ruine de la commune. Devant une opposition aussi formelle, le Gouvernement n'osa point passer outre et les deux projets furent abandonnés.

L'inauguration qui a eu lieu, le 21 septembre 1885, du magnifique bâtiment où se trouvent réunies la Mairie et l'École primaire, est une preuve nouvelle de la vitalité de notre pays, de l'union qui existe entre ses habitants et de l'esprit de progrès qui les anime. Ayons donc confiance dans les destinées des Chapelles-Bourbon :

Le Passé et le Présent, répondent de l'Avenir !

FAITS PRINCIPAUX

PAR ORDRE CHRONOLOGIQUE

Philippe Ier, roi de France

1080. — Dame Haoüis de Garlande fonde une première, puis une seconde chapelle au lieu où se trouve aujourd'hui la commune des Chapelles-Bourbon.

Quelque temps après, des maisons s'élèvent autour de ces chapelles qui devaient être situées au lieu dit aujourd'hui « Les Vieilles-Chapelles », et forment une paroisse qui prend le nom de « Chapelles-Haoüis » du nom de sa fondatrice.

Cette paroisse était au civil de l'Élection de Rozoy, province de Brie, et pour les affaires ecclésiastiques du Doyenné du Vieux-Corbeil, diocèse de Paris, 1536.

Les deux chapelles d'origine ont été détruites. L'église actuelle ne paraît pas remonter à plus de quatre cents ans.

Quoique aucun document n'indique le nom des seigneurs de la paroisse, depuis les premiers temps jusqu'en 1166, il est certain que ce devaient être des membres de la famille de Garlande qui avaient fondé cette paroisse et dont nous voyons le dernier représentant en l'année 1293, comme seigneur du lieu.

Louis VII, roi de France

Seigneurs des Chapelles :
1166. — Anseau et Guy de Garlande, seigneurs de Possesse, comme représentant Hugues de Possesse, seigneur de Tournan.

Philippe-Auguste, roi de France

Seigneurs :
1191. — Ansel II (ou Anseau) de Garlande et son frère Jean.
1201. — Dame veuve d'Ansel II de Garlande.
1218. — Robert de Garlande.

Louis IX dit saint Louis, roi de France

Seigneurs :
1246. — Anseau III de Garlande.
1257. — Anseau IV de Garlande. — A cette date, son frère Jean II de Garlande était évêque de Meaux.

Philippe III le Hardi, roi de France

Seigneur :
1287. — Jean de Garlande, neveu du précédent, vend la châtellenie de Tournan à Pierre de Chambly.

Philippe IV le Bel, roi de France

Seigneur :
1293. — Pierre de Chambly, chevalier.
L'abbé Lebœuf pense que Pierre de Chambly

a transporté la châtellenie de Tournan à Charles, comte de Valois, troisième fils de Philippe le Hardi et père de Philippe de Valois, qui la donna en 1343 à Jean, son fils aîné, duc de Normandie; que, peu à peu, elle fut démembrée et appartint à différents seigneurs. Il est probable que la seigneurie des Chapelles a été détachée, à cette date, de la châtellenie de Tournan. — Malgré toutes mes recherches, il m'a été impossible de découvrir à qui avait appartenu la terre des Chapelles de 1293 à 1405, c'est-à-dire pendant une période de 112 ans.

Charles VI, roi de France

Seigneur :
1405. — Louis de Villiers, seigneur de Neufmoutiers.

Charles VII, roi de France

Seigneurs :
1450. — Jacques de Villiers.
1457. — Dame de Villiers, sœur et héritière de Jacques, mariée à Adam de Cuise.

Louis XI, roi de France

Seigneur :
14... — Antoine de Cuise, écuyer, seigneur de Neufmoutiers.

Louis XII, roi de France

Seigneur :
1501. — René de Cuise, écuyer, seigneur de Neufmoutiers.

François Ier, roi de France

Seigneur :

1522. — N. Paillard, dit « de la Chapelle » Son nom se trouve sur la cloche de l'église.

Première constatation que l'église était consacrée à saint Vincent.

1532. — Naissance à Paris, de Jodelle, sieur du Lymodin, poète français. (Le docteur Félix Pascal, dans son « Histoire du département de Seine-et-Marne », prétend que ce poète est né à La Jodelle, sans en donner d'ailleurs de preuve).

1536. — La nomination du curé de la paroisse, qui appartenait à l'abbé de Saint-Maur, passe à l'évêque de Paris, lors de la réunion de l'abbaye à l'évêché. — La Houssaye, Neufmoutiers et Villeneuve-Saint-Denis étaient, avec Les Chapelles, les seules paroisses de la province relevant de l'évêché de Paris. Toutes les paroisses environnantes étaient à l'évêché de Meaux.

Henri II, roi de France

Seigneur :

1550. — Estiennette Paillard, dame de Neufmoutiers, Egrefin, Trois-Maisons et la Vieille-Chapelle, mariée à Clérambault le Picard, seigneur d'Attily-en-Brie, morte le 17 juin 1552. La tombe existe à peu près illisible dans l'église de Neufmoutiers.

1556. — Concurremment avec son ancien nom de « Les Chapelles-Haoüis » la paroisse prend, dans des actes peu nombreux, il est vrai, le nom de « Les Chapelles-en-Brie » du nom de la province de Brie.

Première constatation, dans les archives communales, de l'existence d'un château, dit « Château des Chapelles ». — On ignore où était situé ce château. Il est à présumer qu'il occupait l'emplacement où se trouve maintenant la ferme des Vieilles-Chapelles ou plutôt qu'il était construit dans la Garenne appartenant aujourd'hui à M. Lcouvreur, propriétaire du « Pavillon des Chapelles ».

Henri II, François II, Charles IX, Henri III rois de France

Seigneur :

Clérambault le Picard, seigneur d'Attily-en-Brie.

Louis XIII, roi de France

Seigneur :

16... — Messire François de Biet, conseiller à la Cour du Parlement, mort aux Chapelles, le 27 avril 1644.

1639. — Ouverture d'un registre tenu par les curés et contenant les mariages, baptêmes et inhumations qui ont lieu dans la paroisse.

Louis XIV, roi de France

Seigneurs :

1644. — Messire Jehan François de Biet, escuyer, conseiller du Roy, chevalier, maréchal de camp dans ses armées de France, capitaine dans ses gardes, seigneur de Boytron, Villemigeons et Courcelles.

1665. — Claude Byet, chanoine de Notre-Dame de Paris, abbé de Villiers, conseiller, aumônier du Roy. (Sans doute, malgré l'orthographe du nom, de la même famille que le précédent.)

1674. — Alexandre Guibillon du Colombier, escuyer, seigneur de la Motte.

— A partir de ce jour, le registre de l'état civil est composé de feuilles de papier timbré suivant ordonnance du Roi (25 avril).

1690. — Seigneur : François Le Tonnelier, comte de Breteuil, marquis de Fontenay-Trésigny, etc.

1691. — La paroisse prend le nom de « Les Chapelles-Breteuil » du nom du comte de Breteuil, seigneur du pays. (Lettres patentes du 27 mars 1691.)

1692. — « Causes d'audiences ordinaires et jugements rendus en ces audiences. — Issu de l'audience, les lieutenants et élus conseillers du Roy, en l'Élection de Rozoy, ont procédé au département des paroisses dépendant de ladite élection, pour estre par eux, fait leurs chevauchiez suivant et au désir des édicts et déclarations du Roy, etc., etc., ainsi qu'il en suit : premièrement, M. le Président. . . . .

. . . .

. . . . . . , des Chapelles-Aouies ou Haoüis » (20 septembre).

1701. — Le Tonnelier de Breteuil, marquis de Fontenay-Trésigny, conseiller d'État ordinaire et intendant des finances, enterré le 13 mai à Fontenay.

1709. — Hiver exceptionnellement rigoureux. — Céréales gelées. — Disette. — Grande mortalité sur les habitants (1).

---

(1) Voir page 89, les détails.

Louis XV, roi de France

Seigneurs :

1728. — Dame de Breteuil née Calonne de Courtebonne, morte en mai 1737.

1737. — François-Victor Le Tonnelier de Breteuil, marquis de Fontenay, sire de Villebert, baron de Boytron, seigneur du Mesnil, Chasse-Martin, L'Hopitau, Palaiseau, Theligny, L'Oribeau etc., commandeur des ordres du Roy, chancelier de la Reine, ministre et secrétaire d'État de la Guerre, mort en 1743, enterré à Fontenay le 7 janvier.

1743. — Dame de Breteuil, née Marie-Anne-Angélique Charpentier, veuve du précédent.

1759. — Marquis Peirène de Moras, contrôleur général des finances et maître de la Marine.

« La Chapelle-Breteuil, paroisse du diocèse de Paris, à neuf lieues de Paris, une de Tournan, près du ruisseau de Brayon : 15 feux, 70 communiants, Patron... Seigneur M. de Moras. » (Extrait de la Généralité de Paris.)

1760. — « Rôles de la Taille, du Taillon, et autres impôts royaux à chacun des contribuables de la paroisse des Chapelles-Breteuil. — Élection de Rosoy, Généralité de Paris, conforme au mandement du 19 novembre dernier. — Signé : Bertier. — Le rôle, signé : Denoyeux. » (12 décembre).

— En cette année, le revenu du bénéfice de l'église ne se montait qu'à la somme de 509 livres.

Louis XVI, roi de France

Seigneur :

1776. — Duc de Bourbon Penthièvre, petit-fils de Louis XIV, seigneur de Brie-Comte-Robert, Tournan, Crécy, Ferroles, Attily, Lésigny, etc.

La paroisse prend le nom de « Les Chapelles-Bourbon ».

Projet de département (répartement) ; arrêté de la taille à imposer sur l'Élection de Rozoy, pour 1777 (6 septembre).

1777. — Taille de la paroisse des Chapelles-Bourbon. — (Conformément à la répartition du 6 septembre 1776.)

1787. — Procès-verbal d'arpentage et plan de la paroisse dressé par Jean-Louis Droit, géomètre à Montereau-faut-Yonne, en exécution d'une ordonnance de M. Louis-Bénigne-François Bertier, dernier intendant de la Généralité de Paris, du 22 juin 1786 (1er mai et jours suivants).

Révolution Française

(16 mai 1789.)

Assemblée Constituante

(23 juin.)

1789. — Certificats de plusieurs habitants des Chapelles constatant que les revenus de la cure sont au moins de 3,000 livres, année commune, au sujet d'une instance devant le Parlement de Paris. — Arrêt portant homologation d'une signature obtenue en Cour de Rome d'une pension de 1,000 livres, à prendre sur les revenus de la cure de St-Vincent, résignée par M. Bouchez, curé, au profit de M. Boulanger, son successeur.

1790. — La commune fait partie du département de Seine-et-Marne, arrondissement de Coulommiers, canton de Rozoy.

Assemblée Législative

(1er octobre 1791.)

1791. — « Département de Seine-et-Marne, district de Rozoy. — Contribution foncière. — États de section A, B, C, D. — Municipalité des Chapelles-Bourbon. — Sections du Beauboure, de la Bretèche, des Marres-Jumelles (?), de la Mare-Platte ».

Convention Nationale

(21 septembre 1792.)

1792. — Les registres de l'état civil ne sont plus tenus par le curé mais par des membres du Conseil général de la commune, élus à cet effet, puis par le maire (20 septembre).

République Française

1793. — Princesse Adélaïde d'Orléans, fille du duc de Penthièvre, lui succède.

Dans l'état des biens vendus nationalement, elle est ainsi dénommée : « Expulsée dame veuve Philippe-Joseph d'Orléans, demoiselle de Penthièvre. » (Etat des biens situés sur le territoire de la commune, vendus nationalement.)

— La commune prend le nom de « Les Chapelles-Union ».

— Jusqu'à cette époque, il y avait un curé titulaire dans la paroisse. Le presbytère était au Pavillon des Chapelles.

A partir de la fin de 1793, l'église des Chapelles a été desservie par le curé de La Houssaye ou par celui de Neufmoutiers. (Voir le tableau des curés, page 51.)

Directoire

(27 octobre 1795.)

1799. — Copie de l'état des changements faits dans la commune des Chapelles-Union pour parvenir à la confection du rôle de la contribution foncière de l'an VII (28 mai 1789).

Bonaparte, 1er Consul
Constitution de l'An VIII

(24 décembre 1799.)

1802. — Les Chapelles-Union sont rattachées au diocèse de Meaux (Concordat).

Napoléon Ier, Empereur des Français

(18 mai 1805.)

1812. — Le département de Seine-et-Marne doit ensemencer mille hectares en betteraves; dont l'arrondissement de Coulommiers cent soixante-sept hectares, et la commune des Chapelles-Union deux hectares. (Décret du 12 février.)

1814. — Réquisitions en nature pour l'armée française pendant l'invasion.

Louis XVIII, roi de France

(3 mai 1814.)

Cent Jours. — Napoléon Ier, Empereur des Français

(1er mars 1815.)

Louis XVIII, roi de France

(Juillet 1815.)

1815. — Un dépôt de l'armée russe tient garnison aux Chapelles pendant six semaines.

La commune reprend le nom de « Les Chapelles-Bourbon » qu'elle a conservé jusqu'à ce jour (novembre 1815).

Charles X, roi de France

(Septembre 1824.)

1824. — La commune des Chapelles-Bourbon est desservie par le bureau de poste de Tournan.

1827. — La commune croit pouvoir se dispenser du service d'un garde champêtre et ne vote pas le traitement qu'elle faisait figurer au budget depuis 1818.

De 1827 à 1869 il n'y a pas eu de garde champêtre dans la commune.

1830. — Délibération du conseil municipal qui demande que la commune soit détachée du canton de Rozoy et rattachée à celui de Tournan. — Demande repoussée (28 juillet).

Révolution de Juillet. — Louis-Philippe, roi des Français

(9 août 1830.)

1830. — Organisation de la garde nationale.— La commune des Chapelles-Bourbon fait partie du bataillon de La Houssaye, 3ᵉ bataillon du canton de Rozoy.

1831. — Levé du plan parcellaire de la commune par M. Auxerre, géomètre de 1ʳᵉ classe.

— Délibération du conseil nommant la commission chargée de procéder à la classification des terres et des autres immeubles, et à la formation du tarif des évaluations (11 novembre).

1835. — Arrêté du 30 mars qui réunit les Chapelles-Bourbon à La Houssaye pour l'entretien d'une école primaire dans cette dernière commune.

1836. — Donation à la commune par M. Caron (Antoine-François) d'une rente perpétuelle de 600 francs, cinq pour cent, sur l'État, délivrée par son neveu, M. Granger (Alexis) (17 juin).

La plaque commémorative qui se trouve scellée au mur dans la salle de la nouvelle mairie, est destinée à rappeler le souvenir de la famille Caron.

1839. — Conformément à un arrêté ministériel du 8 juin, fondation d'une école primaire aux Chapelles-Bourbon dans des bâtiments loués aux époux Vignier, au lieu dit « La Cour commune ».

A partir de ce jour, les mariages, qui avaient lieu précédemment dans la maison du maire, sont célébrés dans la salle d'école.

L'instituteur devient secrétaire de la mairie qui est définitivement établie dans la maison d'école. C'est dans la salle de classe qu'ont lieu toutes les réunions concernant l'administration de la commune.

1840. — Projet de réunion de la commune à celle de La Houssaye (abandonné).

1841. — Projet de réunion de la commune à celle de Neufmoutiers (abandonné).

1844. — Achat par la commune, aux époux Vignier, du bâtiment avec dépendances où se faisait l'école et où logeait l'instituteur depuis 1839. Ce bâtiment continue à être consacré aux mêmes services : Mairie et école communale.

Révolution

(24 février 1848.)

Le prince Louis-Napoléon, Président de la République

(10 Décembre 1848.)

1851. — Délibération du conseil municipal sur le recrutement de la Garde nationale qu'on organise dans le département (18 septembre).

Napoléon III, empereur des Français

(2 Décembre 1852.)

1861. — Le conseil municipal invité à donner son opinion sur le point de savoir s'il y a lieu de faire desservir la commune par le bureau de poste que l'Administration se propose d'établir à La Houssaye, émet un avis favorable et demande que le bureau dont il s'agit soit établi dans le plus bref délai possible (7 juillet).

— Don d'une pompe à incendie à la commune par M. Granger.

1863. — Construction d'un bâtiment pour remiser la pompe à incendie.

1864. — Création d'une subdivision de sapeurs-pompiers qui sera rattachée à la compagnie de Fontenay-Trésigny. (Arrêté préfectoral du 7 juillet.)

1865. — Conformément à une délibération du

conseil municipal (en date du 6 novembre 1864), érection de l'église des Chapelles-Bourbon en chapelle vicariale (29 mars).

Installation du conseil de fabrique (28 mai).
— Un registre spécial est ouvert, à l'effet de recevoir les délibérations du Bureau de bienfaisance, inscrites primitivement sur le registre des procès-verbaux du conseil municipal (16 août).

Le 17 février 1854, le percepteur de la réunion de Lumigny avait été autorisé à résider temporairement à Fontenay-Trésigny. — Le conseil municipal des Chapelles émet l'avis que le chef-lieu de la perception soit désormais installé officiellement en cette commune où le titulaire exerce ses fonctions depuis 11 ans déjà (17 septembre).

1866. — Le Conseil municipal, invité à donner son avis sur le point de savoir s'il y aurait lieu de faire desservir la commune par le bureau de poste qui va être créé à La Houssaye, estime qu'il y a intérêt à continuer à être rattaché au bureau de poste de Tournan (1er mars). Voir l'avis du 7 juillet 1861.

1867. — Inondation par suite d'un orage, le jour de la première communion. Dans l'intérieur de la commune il y a 85 centimètres d'eau. Les rez-de-chaussée sont inondés, notamment l'école. La circulation dans les rues ne peut avoir lieu qu'avec l'aide de voitures (2 juin).

1868. — Le Conseil municipal refuse d'installer un garde champêtre dans la commune (5 avril).

1869. — Sur les instances du Préfet, le Conseil municipal revient sur ses décisions antérieures et nomme un garde champêtre (14 février).

1870. — Déclaration de la guerre entre la Prusse et la France (19 juillet).

Révolution. — Gouvernement de la Défense Nationale

(4 Septembre 1870.)

Le conseil municipal décide qu'il sera acquis huit sacs de blé pour le compte de la commune, en vue des éventualités de la guerre (10 septembre). — L'achat n'a pas eu lieu.

LA GUERRE (1870-1871)

1° OCCUPATION ALLEMANDE

1870. — Pendant la guerre, il y a eu peu de séjours prolongés de troupes; mais un très grand nombre de passages de soldats ennemis de toutes armes, et de convois de ravitaillement.

A partir de l'armistice, au contraire, la commune et les écarts ont été occupés par des soldats allemands. Ils se sont montrés insolents, pillards et voleurs.

16 septembre. — Arrivée des premiers prussiens dans la commune : un détachement de uhlans, commandés par un sous-officier. — Ils sont reçus à la mairie par M. Brochet, adjoint, en l'absence de M. Hastier, maire, enfermé dans Paris (10 heures du matin).

Un régiment d'infanterie débouche sur la place (midi).

Le colonel demande du pain et deux vaches pour sa troupe.

L'adjoint livre les deux vaches et fait chercher du pain à Tournan.

La maison de M. Lecouvreur et la ferme de M. Charpentier étant inhabitées par leurs propriétaires, on y loge une partie des officiers et des soldats ; le reste est envoyé aux Vieilles-Chapelles.

18 septembre. — Départ du régiment; l'adjoint fournit un cheval et une voiture, avec un conducteur qui n'est jamais revenu. Le cheval et la voiture n'ont pas été rendus.

23 septembre. — Trois cent quinze hommes arrivent et séjournent jusqu'au lendemain.

24 septembre. — Cinquante hommes (cavalerie et infanterie). — Réquisitions : 4 vaches, 400 bottes de fourrage, 18 hectolitres d'avoine et du pain. — Les soldats vont au château de Beaumarchais pour remplir leurs voitures d'objets de ravitaillement.

27 septembre. — Quatre cents hommes. — Réquisitions comme précédemment.

28 septembre. — Une colonne de ravitaillement prend un cheval.

5 octobre. — Une colonne en réquisition. — Pris : quatre vaches, huit moutons, du vin, du pain.

6 octobre. — M. Brochet, adjoint, va à Coulommiers avec M. Bourgerie, maire de La Houssaye et verse entre les mains du sous-préfet allemand de l'argent au nom de la commune (Contributions de guerre).

7 octobre. — Passage de troupes. — 372 hommes. — Fourniture de pain et d'une vache.

10 octobre. — M. Davizé, garde champêtre, voyageant sur la route des Chapelles à Tournan, est, à cause de son képi, pris pour un franc-tireur par des troupes allemandes. Il est saisi, dépouillé de ses vêtements ; les fusils s'abattent sur lui, lorsque le chef de la colonne reconnaît qu'il est garde champêtre et empêche qu'il ne soit fusillé. — Le même jour, au retour de M. Davizé aux Chapelles, il est ainsi que M. Brochet, adjoint, et Mme Flon, la femme de l'instituteur, frappé par des soldats prussiens pour avoir refusé de leur livrer du poisson.

17 octobre. — Nouveau passage. — Les troupes, à partir de ce jour, sont approvisionnées par l'intendance allemande. — La commune ne leur donne plus que très peu de fournitures. — En revanche, les soldats sont plus exigeants, plus violents que précédemment. — Pillage de la maison de M. Lecouvreur (Le Pavillon des Chapelles).

Du 20 au 23 octobre. — Passage de troupes tous les jours.

23 octobre. — Les soldats refusent de se loger dans la maison de M. Lecouvreur, rendue inhabitable par suite des précédentes occupations.

24 octobre. — M. Brochet, adjoint, adresse au commandant d'étape à Tournan une lettre où il demande que la commune, qui est pauvre et sans ressources, soit ménagée par les troupes allemandes. — Le commandant délivre un ordre écrit à présenter aux officiers de passage. — Cet ordre, dont la traduction suit, est sans effet auprès d'eux :

« Lorsque les troupes... arriveront aux Chapelles et qu'elles ne seront point dirigées sur Tournan, les réquisitions irrégulières étant défendues et les réquisitions régulières ne pouvant plus rien produire, on devra envoyer des hommes à Tournan, avec l'ordre de marche, afin qu'ils reçoivent ici du pain et de la viande.»

Tournan, 24 octobre 1870.

Le Commandant d'Étape,
LECHMETZ.

Du 28 au 31 octobre. — Passage de troupes tous les jours.

Du 2 au 11 novembre. — Passage de troupes tous les jours, sauf les 8 et 9.

9 novembre. — Deux chevaux, une voiture et un conducteur sont envoyés pour le service d'approvisionnement. — Le conducteur revient seul le 29.

Du 12 au 30 novembre. — Passage de troupes tous les jours, sauf les 18, 20 et 27. — Bon allemand. Traduction :

« La Mairie des Chapelles est invitée à loger un officier, 102 hommes et 167 chevaux.»

Tournan, 13 novembre 1870.

5 décembre. — Conduit en réquisition à Tournan : 4 vaches, 30 moutons, 200 bottes de luzerne.

— Laisser passer allemand. Traduction :

« Laissez passer par les Chapelles avec deux voitures, deux chevaux. — Valable pour aujourd'hui.»

Tournan, 19 décembre 1870.

Le Commandant d'Étape,
LECHMETZ.

21 décembre. — Passage de troupe.

— Laisser passer allemand. Traduction :

« Laissez passer par les Chapelles pour trois chevaux et deux voitures. »

Tournan, 22 décembre 1870.

Le Commandant d'Étape,
LECHMETZ.

24 décembre. — Passage de troupes.
Billet allemand. Traduction :
« Le Maire des Chapelles-Bourbon est invité à loger un officier, 91 hommes, 118 chevaux. »

Tournan, 24 décembre 1870.

Le Commandant d'Étape,
LECHMETZ.

— Billet de logement allemand. Traduction :
« Billet de logement aux Chapelles pour un officier, 128 hommes, 96 chevaux. »

Tournan, 26 décembre 1870.

Le Commandant d'Étape,
LECHMETZ.

28 décembre. — Passage de troupes.
— Billet allemand. Traduction :
« Billet de logement aux Chapelles-Bourbon pour un officier, 92 hommes, 122 chevaux. »

Tournan, 28 décembre 1870.

Le Commandant d'Étape,
LECHMETZ.

28 décembre. — M. Fauquet Victor s'étant plaint que les soldats lui avaient volé des poules, une quinzaine d'hommes se sont précipités sur lui, sabres et baïonnettes en avant. Après en avoir renversé un de chaque main, il parvint à s'échap-

per. Les prussiens tirèrent sur lui des coups de fusil, mais le manquèrent.

— Au même instant, M. Blard, père, et sa femme. chez lesquels ces faits se passaient, furent frappés par des soldats allemands.

1871. Janvier. — Billet allemand. Traduction :

« Billet de logement aux Chapelles-Bourbon, pour 2 officiers, 100 hommes, 175 chevaux. »

Tournan, le 13 janvier 1871.

Le Commandant d'Étape,
LECHMETZ.

15 janvier. — La commune n'ayant pas satisfait à des demandes d'argent réitérées, MM. Davizé et Fauquet ont été arrêtés et emmenés en otage dans la prison de Coulommiers, où ils sont restés trois jours. Ils n'ont été mis en liberté que lorsque M. Hastier, maire, sorti de Paris, est venu apporter de l'argent aux autorités ennemies.

19 janvier. — Passage de troupes.

— Billet allemand. Traduction :

« Billet de logement aux Chapelles, pour 2 officiers, 100 hommes, 171 chevaux.

Tournan, le 19 janvier 1871.

Le commandant d'Étape,
LECHMETZ.

3 février. — Envoyé en réquisition à Tournan : un cheval et un homme pendant trois jours.

11 et 12 mars. — Installation de troupes pendant deux jours dans la commune. Ces troupes appartenaient au 2e corps d'armée bavarois, 4e division d'infanterie; 6e bataillon de chasseurs.

— Récépissé. Traduction :

« Logements reçus sans entretien et sans fourrage pour 28 officiers, 1084 hommes, 30 chevaux, qui ont été régulièrement faits par la commune des Chapelles. »

Chapelles, le 11 mars 1871.

Le Quartier-maître de régiment,

NUTELZ.

Du 24 mars au 3 avril. — Les troupes logent dans le château de Beaumarchais. Vol et pillage au château et à la ferme.

— Au commencement de l'occupation, les braconconniers chassaient dans le pays par bandes de quinze à vingt avec des rabatteurs.

Une nuit, des coups de feu, venant du côté de Beaumarchais, ont été tirés (on n'a su par qui) sur les troupes campées à la bifurcation du chemin des Chapelles avec celui de Coulommiers, du côté de Tournan. Peu à peu les braconniers ont, du reste, disparu ; il n'y en avait plus dans la contrée longtemps avant la fin de l'occupation.

— La commune s'est approvisionnée de bois de chauffage au parc de Champrose. Ce bois appartenait à M. Lanier, boulanger à La Houssaye.

Mai. — Départ de la commune des troupes allemandes. Passage des dernières colonnes.

2° CONTRIBUTIONS DE GUERRE

1870-1871. — Contribution de guerre imposée par l'Allemagne :

Département de Seine-et-Marne : un million (1,000,000) ; arrondissement de Coulommiers, cent cinquante-deux mille sept cent vingt-quatre francs (152,724 francs).

Commune des Chapelles-Bourbon, sept cent

vingt-quatre francs (724 francs). — 28 septembre.

Cette somme de 724 francs a été payée par la commune.

— Proclamation du gouverneur général allemand à Reims, constatant que la contribution directe, mise à la charge des Chapelles-Bourbon est, pour l'année 1870, de. . . . . 12.840 »

Ordre de verser, chaque mois, le 12e entre les mains du maire de Rozoy, soit. . . 1.070 »

Rien n'a été remis sur cette somme.

— A verser également la part contributive de la commune dans les 660,000 francs imposés au département de Seine-et-Marne, pour nourriture des troupes pendant l'armistice, cette part s'élevant à 490 francs.

Sur cette somme, il a été payé, par la commune, 154 francs.

— Cette somme de 154 francs, plus celle ci-dessus de 724 francs, total : 878 francs, ont été avancées aux lieu et place de la commune, par M. Brochet, adjoint (7 décembre 1870).

— Pendant l'occupation allemande, il a été requis dans la commune par l'armée ennemie, en objets de toute nature, pour	35.792 »
Les dégâts et les pertes de culture, bâtiments, meubles, etc., etc., se montent à	18.433 »
En dehors des réquisitions, il a été enlevé en meubles, habits, etc., etc.	3.080 »
Évaluation totale des réquisitions en nature	57.305 fr. »

3° INDEMNITÉS DE GUERRE

1871. — Sur la somme de 2,790 francs, attribuée au canton de Rozoy, la commune reçoit 50 francs, d'après la répartition faite par la commission cantonale des secours envoyés en France par le comité de Londres, présidé par le lord-maire (25 août).

1873. — Délibération du conseil municipal, demandant que la commune soit autorisée à s'imposer extraordinairement de 20 centimes par an pendant dix ans, pour indemniser les habitants qui ont eu le plus particulièrement à souffrir des réquisitions en nature faites par l'armée allemande.

Le montant total de cette indemnité s'élève à 6,174 fr. 06 (27 mars).

Approbation de la délibération par le préfet (23 mai).

Décret conforme

1874. — Sur les 57,305 francs de pertes éprouvées du fait de l'invasion allemande, la commune et les particuliers ont reçu de l'État une indemnité de 6,590 francs (19 mai).

— Le conseil municipal répartit entre les habitants une somme de 974 fr. 17 c. comme indemnité de logement des soldats allemands pendant l'occupation. Cette seconde indemnité est également accordée par l'État (20 septembre).

M. Thiers. — Chef du Pouvoir Exécutif
(12 février 1871.)
Président de la République
(31 août.)

Le maréchal de Mac-Mahon, Duc de Magenta. — Président de la République
(24 mai 1873.)

1873 — Inondation par suite d'un orage, moins grave qu'en 1867.

L'eau ne monte dans les rues qu'à 50 centimètres.

1875. — Le conseil municipal vote l'acquisition d'un corps de bibliothèque pour la fondation d'une bibliothèque scolaire (24 mai).

1876. — Le ministère de l'instruction publique donne 46 volumes à la bibliothèque (19 janvier).

M. Jules Grévy. — Président de la République
(30 janvier 1879.)

1879. — Le conseil municipal vote la gratuité absolue de l'école (25 mai).

1881. — A la suite d'un avis favorable du conseil municipal, la commune, desservie précédemment par le bureau de poste de Tournan, est rattachée à celui de La Houssaye (13 févr.).

— Reconstitution de la subdivision des sapeurs-pompiers (20 mars).

— Rétablissement de la fête patronale, qui sera, à l'avenir, célébrée tous les ans le deuxième dimanche de septembre.

— Établissement d'une distribution de prix aux élèves de l'école primaire (11 sept.).

— Fermeture du cimetière situé autour de l'église (Application de la loi du 23 prairial an XII — 12 juin 1804).

— Ouverture d'un nouveau cimetière construit sur un terrain acheté à M. Charpentier, le long du chemin vicinal n° 3, allant des Chapelles-Bourbon à Neufmoutiers (12 oct.). M. Bonnay, de Paris, architecte.

— Bénédiction du cimetière par M. le curé.

1882. — Délibération du conseil municipal décidant qu'il sera construit dans la commune une école-mairie en remplacement des bâtiments existants, qui sont insalubres et insuffisants (18 mai).

1883. — La commune participe à l'établissement d'un bureau télégraphique à La Houssaye.

— Le ministère de l'instruction publique donne 24 volumes à la bibliothèque scolaire (24 juin).

Ont donné également des livres à la bibliothèque :

La délégation cantonale, Madame Dehesdin, MM. Hastier et Chausson, conseillers municipaux ; Boulanger et Hodier, instituteurs.

1885. — Pose de la première pierre de la nouvelle école-mairie érigée, place de l'église, sur un terrain acheté à M. Vallée (22 mars). Architecte : M. Marmottin, de Coulommiers.

— Inauguration de la nouvelle école-mairie, le jour de la fête patronale (20 septembre).

Bénédiction des nouveaux bâtiments, par M. le curé. Dans l'après-midi, cérémonie d'inauguration en présence des autorités. Distribution des prix aux élèves de l'école. Banquet dans la salle de la mairie, offert par le maire à ses collègues des communes voisines, aux conseillers municipaux des Chapelles, à différents fonctionnaires et aux sapeurs-pompiers.

Le soir, illumination et feu d'artifice (20 sept.).

— Installation des archives et de la bibliothèque dans la nouvelle mairie (20 déc.).

— Le ministère de l'instruction donne pour l'école : une carte de France, une mappemonde. une collection de tableaux d'histoire naturelle (20 déc.).

Carnot

Casimir Perier

LISTE DES MAIRES

DEPUIS 1793

Nos D'ORDRE	DATES	NOMS ET PRÉNOMS
1	16 déc. 1792 (an I de la R. F.).	CHIPOT, Louis-Charles, maire.
2	25 février 1794 (5 ventôse, an II).	BOULANGER, Michel-François et CHRÉTIEN, Claude-François, membres du Conseil général de la commune, élus pour dresser les actes de l'état-civil.
3	1er janvier 1796 (21 pluviôse an IV).	GUYOT, Jean-Louis, agent municipal de la commune, cultivateur.
4	6 juin 1815.	ROUSSEAU, Nicolas, cultivateur, maire.
5	9 avril 1824.	CARON-GIVRAMONT, Pierre-Alexis, agent de change.
6	7 nov. 1831.	FAUQUET, Nicolas-Claude, cultivateur.
7	21 nov. 1854.	FAUQUET, Victor-Prosper, fils du précédent, cultivateur.
8	18 juin 1859.	GRANGER, Charles-Antoine-Alfred (dit Alexis), propriétaire.
9	12 oct. 1862.	HASTIER, Léon-Jean-Baptiste, propriétaire.
10	27 mars 1873.	FAUQUET, Victor-Laurent, (par intérim) cultivateur.
11	11 février 1874.	FAUQUET, Victor-Laurent, cultivateur.
12	21 janvier 1878.	PIGEASTRE, Charles-François, cultivateur.
13	23 janvier 1881.	Baron LEGOUX, Emile-Bernard-Jules, ancien magistrat, ancien chef du Cabinet du Garde des Sceaux.

Nos D'ORDRE	DATES	NOMS ET PRÉNOMS

LISTE DES ADJOINTS

DEPUIS 1796

Nos D'ORDRE	DATES	NOMS ET PRÉNOMS
1	1er janvier 1796 (21 pluviôse an IV).	CHIPOT, Louis-Charles, jardinier.
2	8 mai 1816.	FAUQUET, Nicolas-Claude, cultivateur.
3	29 nov. 1831.	GUYOT, Louis-Clair, jardinier.
4	20 janvier 1855.	VALLÉE, Pierre-Antoine, cultivateur.
5	15 août 1860.	VALLÉE, Louis-Isidore, cultivateur.
6	18 février 1867.	BROCHET, Edmond, cultivateur.
7	21 mai 1871.	FAUQUET, Victor-Laurent, cultivateur.
8	15 février 1874.	LECOUVREUR, Achille-Charles, propriétaire.
9	29 nov. 1875.	PIGEASTRE, Charles-François, cultivateur.
10	21 janvier 1878.	DAVIZÉ, Louis-Etienne, garde particulier.
11	20 mars 1881.	FAUQUET, Victor-Laurent, cultivateur.
12	7 mai 1882.	ROSSIGNOL, Louis-Denis, cultivateur.

Nos D'ORDRE	DATES	NOMS ET PRÉNOMS

LISTE DES CURÉS ET DESSERVANTS

DE LA PAROISSE ST-VINCENT, DEPUIS 1639

Nos D'ORDRE	DATES	NOMS ET PRÉNOMS
1	»	Messire LE ROUX, Jean, chapelain de Beaumarchais, auparavant curé des Chapelles, décédé le 26 octobre 1646, inhumé dans le chœur.
2	1639.	LE ROUX (probablement frère du précédent).
3	1655.	NAZET, clerc-prébendier, desservant de la cure des Chapelles en qualité de vicaire.
4	1656.	DE THARDYE, curé.
5	novembre 1658.	Messire MARTINET, Louis, recteur, curé de la paroisse Saint-Vincent-des-Chapelles, chapelain de la chapelle de Beaumarchais, décédé aux Chapelles le 2 janvier 1691, inhumé dans le chœur.
6	18 janvier 1691.	CHESNAY, Jacques, inhumé dans le chœur, décédé le 9 janvier 1705.
7	10 janvier 1705.	MICHAULT, Pierre, décédé à Paris le 18 octobre 1722. — inhumé dans le chœur.
8	10 nov. 1722.	BONNART, Louis, docteur en théologie de la Maison de Navarre.
9	12 août 1725.	JUPPIN, Jean, décédé le 5 mars 1764, inhumé dans le chœur.
10	12 juin 1764.	BOUCHEZ, curé pensionnaire.
11	novembre 1789.	BOULANGER, Michel-François.

N^os D'ORDRE	DATES	NOMS ET PRÉNOMS
12	15 août 1795.	Bigot, curé de La Houssaye (desservant).
13	5 janvier 1846.	Jeandon, curé de Neufmoutiers (desservant).
14	5 mars 1848	Milet, curé de La Houssaye (desservant).
15	24 mars 1872.	Robcis, curé de la Houssaye (desservant).
16	1er juillet 1872.	Ferrand, curé de La Houssaye (desservant).
17	1er juillet 1874.	Jeandon, curé de Neufmoutiers (desservant). Le même que précédemment.

LISTE DES INSTITUTEURS

COMPLÈTE DEPUIS 1839

Nos D'ORDRE	DATES	NOMS ET PRÉNOMS
1	1651.	MARTIN, Jean (dit « de la Cha- « pelle) mort le 5 novembro 1654.
2	1702.	BEAUPÈRE, Jacques.
3	1794.	GUYOT, Jean-Louis.
4	25 sept. 1839.	LECLÈRE, François-Denis-Victor.
5	20 octobre 1857.	AUREIX, Jean.
6	30 sept. 1864.	FLON, Louis-François.
7	10 mai 1874.	PICART, Louis.
8	22 sept. 1874.	BOULANGER, Alphonse-Joseph.
9	12 sept. 1877.	DENIZOT, Pierre.
10	10 sept. 1881.	HODIER, Jean-Henri-Hugues.

N^os D'ORDRE	DATES	NOMS ET PRÉNOMS

LISTE DES OFFICIERS DE LA GARDE NATIONALE
ET DE LA SUBDIVISION DES SAPEURS-POMPIERS, DEPUIS 1831

Nos D'ORDRE	DATES	NOMS ET PRÉNOMS
1	29 octobre 1831.	VIGNIER, Jean-Baptiste-Léon, chef de bataillon (bataillon de La Houssaye, 3e du canton de Rozoy).— Précédemment sergent, puis sous-lieutenant et capitaine en second de la subdivision de la garde nationale de la commune des Chapelles-Bourbon, cultivateur.
2	24 mai 1834.	FAUQUET, Victor-Prosper, sous-lieutenant, cultivateur.
3	15 octobre 1837.	DUCOLLET, Hippolyte-Augustin, sous-lieutenant (du 15 octobre 1837 jusqu'en 1852), garde particulier.
4	7 juillet 1864.	NICOL, Guillaume, sergent (il n'y avait pas d'officier), berger.
5	29 déc. 1875.	SOYER, Pierre-Eugène, sous-lieutenant des sapeurs-pompiers, manouvrier.

Nos D'ORDRE	DATES	NOMS ET PRÉNOMS

LISTE DES GARDES CHAMPÊTRES

DEPUIS 1815

Nos D'ORDRE	DATES	NOMS ET PRÉNOMS
1	28 nov. 1815.	CHIPOT, Louis-Charles.
2	27 avril 1816.	CHIPOT, Pierre-Rustique, fils du précédent, exerce jusqu'à sa mort (9 janvier 1827). (Du 9 janvier 1827, jusqu'au 1er avril 1869, la commune est sans garde champêtre.)
3	1er avril 1869.	DAVIZÉ, Louis-Étienne.
4	23 août 1877.	PONOT, Républicain-Constant-Léon.
5	7 avril 1880.	VALLET, Pierre-Eugène.
6	13 mai 1883.	MACÉ, Marin-Julien.
7	15 nov. 1884.	ADAM, Jules-Théophile.

D'ORDRE	DATES	NOMS ET PRÉNOMS

RENSEIGNEMENTS ADMINISTRATIFS ET AGRICOLES

STATISTIQUE

1° RAPPORTS DE LA COMMUNE AVEC LES DIFFÉRENTES AUTORITÉS

Commune	Les Chapelles-Bourbon
Canton	Rozoy-en-Brie
Arrondissement	Coulommiers
Département	Seine-et-Marne
Préfecture	Melun
Sous-Préfecture	Coulommiers
Armée, 5e corps, quartier général	Orléans
Général, commandant le département	Melun
Intendant militaire	Melun
Cour d'appel	Paris
Cour d'assises	Melun
Tribunal de 1re Instance . . .	Coulommiers
Justice de Paix	Rozoy-en-Brie
Recette générale des Finances	Melun
Recette particulière des Finances	Coulommiers
Perception	Fontenay-Trésigny
Ingénieur en chef des Ponts et Chaussées	Melun
Ingénieur ordinaire des Ponts et Chaussées	Coulommiers
Agent Voyer	Mortcerf
Commandant de gendarmerie .	Melun
Lieutenant de gendarmerie . .	Coulommiers
Brigadier de gendarmerie . . .	Mortcerf
Receveur de l'Enregistrement.	Rozoy-en-Brie
Directeur des Contributions directes	Melun

Contrôleur (contrôle de Tournan) résidence	Coulommiers
Directeur des Contributions indirectes.	Melun
Receveur des Contributions indirectes	Rozoy-en-Brie
Receveur buraliste	Fontenay-Trésigny
Vérificateur des Poids et Mesures	Coulommiers
Académie	Paris
Inspecteur d'Académie	Melun
Inspecteur primaire	Coulommiers
Évêché	Meaux
Doyenné	Rozoy-en-Brie
Curé desservant la paroisse des Chapelles-Bourbon	Neufmoutiers
Directeur des Postes	Melun
Bureau de Poste et Télégraphe	La Houssaye
Station du chemin de fer . . . *(Ligne de l'Est, embranchement de Coulommiers.)*	Marles-Fontenay

2° DISTANCES

Distance de la commune au chef-lieu de département (Melun)................................	31 km.
Distance de le commune au chef-lieu d'arrondissement (Coulommiers)........................	23 »
Distance de la commune au chef-lieu de canton (Rozoy)......................................	13 »
Distance de la commune au bureau de poste et télégraphe (La Houssaye)...................	4 »
Distance de la commune à la station de Marles-Fontenay....................................	4 »
Distance de la commune au chef-lieu de perception (Fontenay-Trésigny)....................	6 »

3° POPULATION

RECENSEMENTS OFFICIELS

ANNÉES		NOMBRE d'habitants
1759	70 communiants	?
1790	—	121
1826	—	70
1831	—	86
1836	—	90
1841	—	105
1846	—	105
1851	—	93
1856	—	88
1861	—	102
1866	—	92
1872	—	88
1876	—	86
1882	dernier recensement officiel	93
1885	—	104

4° TOPOGRAPHIE

Le territoire des Chapelles-Bourbon, situé sur l'un des plateaux de la Brie, est peu accidenté ; il est élevé de 112 mètres au-dessus du niveau de la mer. Ses limites sont : au nord, Neufmoutiers ; au sud, Marles ; à l'est, la Houssaye ; à l'ouest, Châtres et Tournan.

Aucun cours d'eau ne traverse le territoire des Chapelles, mais il est bordé à l'est, par le rû de Gorneaux (Rigornot) ; au sud par celui de Brëon. On y remarque quelques mares, creusées en général dans le but de se procurer de la marne, et qui sont assez profondes. On voit également des restes de fossés à moitié comblés entourant le château de Beaumarchais, le Ménillet et la ferme des Vieilles-Chapelles.

Le sol est argileux, non accidenté.

Le sous-sol est argilo-calcaire. La composition du sol et du sous-sol fait que les terrains composant ce territoire sont froids et ont besoin d'être réchauffés de temps en temps par le chaulage et le marnage.

Le drainage est également un moyen de culture auquel on doit avoir recours dans le pays.

— En l'an X (1801), le nombre des maisons dans l'intérieur de la commune était de 25.

Il est encore de 25 aujourd'hui.

ÉTENDUE DU TERRITOIRE

				HECTARES
Superficie imposable	1	Superficie cultivée	Terres labourables...	420 »
			Prés et pâtures ..	47 »
			Bois............	147 »
			Jardins, vergers..	6 »
	2	Superficie non cultivable : Maisons, cours et bâtiments ...		3 »
Total de la superficie imposable....				623 »
II Superficie non imposable (Routes, rues, place publique, cimetière, église, école, etc)				19 »
Superficie totale du territoire de la commune.				642 »

6° AGRICULTURE

DÉSIGNATION des CULTURES	NOMBRE d'hectares cultivés	QUANTITÉ de semence par hectare	ANNÉE MOYENNE			
			RENDEMENT MOYEN par hectare		RENDEMENT TOTAL moyen pour chaque espèce de culture	
			en grain	en paille	en grain	en paille
		h. l.	h. l	q. m.	h. l.	q. m.
Blé	92	2.30	20	35	1840	3200
Seigle	8	2.25	20	40	160	320
Orge	5	2.25	15	12	75	60
Avoine......	163	2.50	35	18	5705	2934
Pommes de terre	3	12. »	165	»	495	»
Betteraves	21	12 Kg	»	360	»	7560
Carottes	3	3 »	»	240	»	720
Trèfle	43	25. »	»	40	»	1720
Luzerne	48	40. »	»	60	»	2880
Prés naturels. . .	47	»	»	25	»	1175

Nombre d'hectares laissés en jachères : 33
Industrie : néant
Commerce : essentiellement agricole.

La culture des céréales est la culture dominante du pays. L'assolement, quoique pratiqué d'une façon peu régulière, est quinquennal : 1re année : Jachères — 2e année : Blé — 3e année : Avoine — 4e année : Trèfle — 5e année : Avoine. — La betterave n'est cultivée que pour la nourriture des bestiaux à l'étable. Le maïs, le sarrasin, le trèfle rouge se font en culture dérobée.

La luzerne est d'un très bon rapport pendant les trois ou quatre premières années. Si on la conservait plus longtemps, la récolte couvrirait à peine les frais du cultivateur. — La luzerne se sème dans des champs labourés profondément et abondamment engraissés de fumiers riches, surtout après une plante sarclée, la betterave par exemple. La luzerne est vendue à Paris.

Les prairies naturelles donnent un foin de bonne qualité et sont une précieuse ressource pour le pays.

Le foin et les pailles provenant des céréales sont consommés dans les fermes.

— Le lait des vacheries est vendu à domicile à des laitiers qui l'expédient sur Paris, ou bien il sert à la fabrication des fameux fromages de Brie.

Les vacheries sont composées exclusivement de vaches normandes venant directement du pays.

— Les écuries possèdent des chevaux provenant de diverses races ; cependant la race normande y domine. L'élevage des chevaux et des vaches est peu pratiqué dans la commune.

— Les bergeries sont peuplées de moutons anglais, allemands, croisés, etc.

Quelques cultivateurs ont un troupeau pour l'élevage, les autres en vue de l'engraissement.

— Les basses-cours contiennent abondamment des poules et des canards du pays. Les oies, les dindes, les pintades ne sont pas en aussi grand nombre.

Les produits des basses-cours sont généralement vendus sur le marché de Tournan.

Autrefois, les chemins étaient bordés d'arbres fruitiers, surtout de pommiers et de poiriers. Avec les fruits de ces arbres, se fabriquait un cidre qui, sans rivaliser avec celui de la Normandie et de la Bretagne, était cependant de bonne qualité. Malheureusement l'hiver de 1870-71 et celui de 1879-80 ont presque complètement détruit tous ces arbres. Cette perte est des plus sensibles pour le cultivateur à cause du produit qu'il en retirait, et pour les habitants du pays à cause de la facilité avec laquelle ils se procuraient ainsi une boisson rafraîchissante et peu coûteuse.

Les fermiers, aujourd'hui, ne récoltent même pas assez de fruits pour fabriquer le cidre nécessaire aux besoins de leur personnel.

7° ANIMAUX UTILES ET ANIMAUX NUISIBLES

Les bêtes fauves, telles que loups, sangliers, renards, ne hantent guère les bois de la commune. On trouve parfois des fouines, des putois, des belettes et des hermines.

Le chevreuil se rencontre quelquefois sur le territoire ; le cerf, jamais.

Le lapin est très abondant et produit de grands ravages dans les récoltes. C'est une source de difficultés et de procès nombreux entre les propriétaires riverains et les fermiers. Le lièvre diminue; cette diminution proviendrait de la trop grande abondance des lapins qui, parait-il, maltraitent et pourchassent les levrauts.

Le hérisson se trouve fréquemment dans la commune. Il est très utile à la culture et n'est malheureusement pas toujours respecté, en raison des services qu'il rend.

Les faisans dans les bois, les perdreaux en plaine sont nombreux. Certains propriétaires font des « élèves ». La grive se montre également en assez grande abondance; la caille moins souvent.

On trouve quelquefois dans les mares des canards sauvages; la poule d'eau n'y est pas rare, la marcanette l'est davantage.

Les bois sont peuplés de ramiers et de tourterelles, dans la belle saison.

Enfin, l'automne amène des passages d'alouettes, de bécasses et de bécassines.

Les oiseaux de proie les plus communs sont : le hibou, la chouette, la buse, l'épervier, l'émouchet, la pie, le corbeau et la pie-grièche. Ajoutons le geai qui, s'il ne s'attaque pas aux oiseaux mêmes, dévore les œufs, ainsi que les petits nouvellement éclos qu'il trouve dans les nids.

8° VICINALITÉ

I. — GRANDE VICINALITÉ

1° ROUTES DÉPARTEMENTALES.

N° 16. — Route de Coulommiers à Brunoy.

2° CHEMINS DE GRANDE COMMUNICATION.

N° 96. — Route de Coubert à Meaux. — Longueur de la traversée sur le territoire des Chapelles-Bourbon, 512 mètres.

N° 143. E. 2. — Embranchement de Marles aux Chapelles-Bourbon, longueur : 1,575 mètres.

II. — PETITE VICINALITÉ

Chemins vicinaux ordinaires.

1° RÉSEAU SUBVENTIONNÉ.

Néant.

2° RÉSEAU NON SUBVENTIONNÉ.

N° 2. — Chemin des Chapelles-Bourbon à la Houssaye, longueur : 527 mètres.

N° 3. — Chemin de Beaumarchais (ou des

Chapelles-Bourbon à Neufmoutiers), longueur : 1,525 mètres (dit chemin du Vieux-Moulin).

N° 4.—Chemin des Chapelles-Bourbon à la route départementale n° 16, longueur : 1,161 mètres.

III. — CHEMINS RURAUX

1° Chemin du château du Chemin dit « des bois du Ménillet », longueur : 1,240 mètres.

2° Chemin de Marles à Tournan, longueur : 2,000 mètres.

3° Chemin de la Plaçonnière, dit « Chemin de la Mare Plate », longueur : 1,162 mètres.

4° Chemin de la Houssiette, dit « de la Mare-Arlin », longueur : 795 mètres.

5° Chemin des Vieilles-Chapelles aux Chapelles-Bourbon, dit « du Tour de l'herbage », longueur : 630 mètres.

6° Chemin des Boucardières, dit « du Tate, ou du Taillis ou du pré du Taillis », longueur : 1,130 mètres.

7° Chemin de Beaumarchais aux Bossus, longeant le côté nord du Parc, longueur : 558 mètres.

8° Chemin de Beaumarchais aux Bossus, allant à Neufmoutiers, longueur : 976 mètres.

9° Chemin du Petit Beaumarchais à la Mare Plate, longueur : 550 mètres.

10° Chemin de La Motte-aux-Prés.

11° Chemin-sentier faisant suite au chemin de de La Motte-aux-Prés.

9° SITUATION FINANCIÈRE

NOMS des COMMUNES	POPULATION	SUPERFICIE du territoire en hectares	REVENUS ANNUELS	VALEUR DU CENTIME	CENTIMES pour dépenses ordinaires et extraordin.			REVENUS du Bureau de Bienfaisance
					Nombre total	Dont extraord.	Durée des imp. extraordinaires	
Chapelles-Bourbon (Les)....	93	642	400	32,15	156	20 14 25	1883 1887 1883	555

BUDGET POUR L'EXERCICE 1885

MONTANT				
des 5 cent. additionnels pour les dépenses ordinaires	des 4 cent. spéciaux pour l'instruction primaire	des 3 cent. spéciaux extraord. p^r les chemins de fer	des 5 cent. spéciaux p^r les chemins vicinaux	des 3 journ. de prestation en nature
151.20	128.60	96.45	160.75	522. »

Suite du Budget

PRINCIPAL DES CONTRIBUTIONS DIRECTES EN 1884

Contribution foncière	2869	»
— personnelle et mobilière	155	»
— des portes et fenêtres	188	»
— des patentes	3	»
TOTAL	3215	»

RÉCAPITULATION GÉNÉRALE

RECETTES et DÉPENSES	SUIVANT les PROPOSITIONS du MAIRE	du conseil municipal	du SOUS-PRÉFET	Suivant la décision du PRÉFET	Observations du PRÉFET
Recettes ordinaires et extraordinaires. .	4.606.29	4.606.29	4.606.29	7.046.85	
Dépenses ordinaires et extraordinaires. .	7.075.79	7.075.79	7.075.79	7.046.85	

10° STATISTIQUE ADMINISTRATIVE ET COMMUNALE EN 1885

Préfet du département de Seine-et-Marne :
M. Lagarde.

Sous-préfet de l'arrondissement de Coulommiers:
M. Lion.

Inspecteur des écoles primaires à Coulommiers:
M. Cottin.

Évêque de Meaux :
Mgr de Briey.

Sénateurs
(élus par les délégués cantonaux du département) :
MM. le comte Foucher de Careil.
Dufraigne.

Députés
(élus au scrutin de liste du 4 octobre 1885):
MM. Lefebvre.
Prevet.
Humbert.
Montaut.
Gastelier.

Conseiller général
(arrondissement de Coulommiers)
M. Bastide.

Conseiller d'arrondissement
(arrondissement de Coulommiers)
M. Camus.

COMPOSITION DU CONSEIL MUNICIPAL

MM.

1 Baron LEGOUX, Émile-Bernard-Jules, ancien magistrat, Maire.

2 ROSSIGNOL, Louis-Denis, cultivateur, adjoint.

3 HASTIER, Jean-Baptiste, propriétaire, conseiller municipal.

4 SOYER, Louis-Eugène, manouvrier, conseiller municipal.

5 CHAUSSON, Henri, propriétaire, conseiller municipal.

6 ROSSIGNOL, Louis-Honoré, cultivateur, conseiller municipal.

7 SOYER, Pierre-Louis, garde particulier, conseiller municipal.

8 DEBARGUES, Jules, garde particulier, conseiller municipal.

9 PIGEASTRE, Charles-François, cultivateur, conseiller municipal.

10 LECOUVREUR, Achille, propriétaire, conseiller municipal.

(Élection du 4 mai 1884)

COMPOSITION DE LA SUBDIVISION DES SAPEURS-POMPIERS

MM.

1 Soyer, Eugène, sous-lieutenant.
2 Rossignol, Louis, sergent.
3 Lambert, Albert, caporal-fourrier.
4 Soyer, Edmond, tambour.
5 Soyer, Eugène, clairon.
6 Goyer, Charles, sapeur-pompier.
7 Goyer, Émile, sapeur-pompier.
8 Cochois, Eugène, sapeur-pompier.
9 Rousseau, Etienne, sapeur-pompier.
10 Coillaud, Edouard, sapeur-pompier.
11 Moreau, Henri, sapeur-pompier.
12 Adam Jules, sapeur-pompier.
13 Haustrate, Baptiste, sapeur-pompier.

(Année 1885)

EXTRAITS DES REGISTRES DE LA PAROISSE

Ces registres contiennent souvent des renseignements précieux pour l'histoire de la commune. Non seulement les curés y inscrivaient les baptêmes, mariages et inhumations, mais encore ils entraient dans certains détails intéressants, absolument étrangers à l'état civil des habitants et qu'il importe de relever ici :

De 1641 jusqu'à la Révolution, il y a eu 107 personnes inhumées dans l'église, dont 10 curés et ecclésiastiques. Ce chiffre de 107 paraît énorme lorsque l'on songe au petit nombre d'habitants qu'a toujours eu la commune. J'ai relevé le nom des personnes ainsi enterrées dans l'église. En dehors des curés de la paroisse, la plupart des habitants inhumés dans la nef ou le chœur de l'église étaient des cultivateurs et des manouvriers. A une époque que l'on ne peut fixer d'une manière précise, quatre-vingts ans peut-être, l'église a été dallée entièrement en briques. Il est aujourd'hui matériellement impossible de retrouver aucune trace des inhumations qui ont été faites.

J'aurai à présenter à l'occasion des décès, une remarque qui a son importance :

L'examen des actes d'inhumation permet de constater que les habitants de la paroisse atteignaient rarement un âge avancé. Ils mouraient principalement de 20 à 30 ans. Il y a lieu de croire que le pays malsain, la terre froide et humide, non encore assainie par des fossés ou des travaux de drainage, provoquaient des maladies qui avaient une prompte et mortelle terminaison.

Quant aux actes de baptêmes et de mariages, j'ai fait mention de tous ceux qui pouvaient, par suite des personnes qui y étaient dénommées, ou pour tout autre motif, offrir quelque intérêt.

Enfin, on trouve quelquefois dans ces registres des prescriptions venant de l'autorité supérieure ; des sortes de testaments ou actes de dernière volonté de mourants ; des marchés passés avec des ouvriers chargés de réparations dans l'église, des comptes rendus de calamité publique, etc., etc., toutes choses qu'il est curieux de noter au point de vue historique, ou comme témoignage des habitudes et des mœurs du temps passé. Je les ai classées sous le titre spécial de : « Documents divers. »

Pour faciliter les recherches, l'ordre chronologique a été rigoureusement suivi.

1° BAPTÊMES

1639. — Baptême de Marie Pignon.

Parrain. — Adrian de Mongaudin, escuyer, sieur de Tranailles et de plusieurs autres lieux au pays d'Anjou.

Marraine. — Demoiselle Marguerite de La Motte, femme de M. de Lamberty.

1639. — Baptême de Adrian François, fils de noble et discrète personne Adrian de Mongaudin, escuyer, etc. et de demoiselle Catherine de la Brière.

Parrain. — Noble et discret Jacques de la Brière, prieur, commandataire de St-Pierre des...

Marraine...

1640. — Baptême de Nicolas Desprez.

Parrain. — Jehan Leroux, prestre-curé.

Marraine. — Catherine de la Brière, femme de Adrian de Mongaudin, escuyer, etc.

1643. — Baptême de Nicolas Bison.

Parrain. — Noble homme Nicolas Lamberty, escuyer, sieur du Breuil et Beaumarchais.

Marraine. — Demoiselle Marguerite Perrin.

1646. — Baptême de Marguerite, fille de Gabriel Grignon, escuyer, sieur de La Barre, capitaine dans le régiment de Follenille et de demoiselle Marguerite Perrin.

Parrain. — Nicolas Lamberty, escuyer, sieur de Breuil et de Beaumarchais, son oncle.

Marraine. — Marguerite de La Motte, femme du sieur Lamberty.

1647. — Baptême de Gabriel Dubié.

Parrain. — Gabriel Grignon, etc.

Marraine. — Marguerite Perrin.

1652. — Baptême de Anne Le Bouc.

Parrain. — Pierre Cuviliers, caporal dans la compagnie de M. de Courcelles, au régiment des gardes.

Marraine. — Julianne Panilis.

1653. — Baptême de Symon Buisson.

Parrain. — Simond Bormand, meunier au moulin de Champrose.

Marraine. — Jehanne Pinault.

1653. — Baptême de Marguerite Chalopin;

Parrain. — Messire Jehan Le Roux, prestre-curé des Chapelles.

Marraine. — Demoiselle Marguerite Perrin, femme de noble Gabriel Grignon, escuyer, sieur de La Barre et du grand Beaumarchais. Le baptême a été fait par messire Duboys, prestre-binaire de Neufmoutiers et chapelain de Beaumarchais.

1654. — Baptême de Françoise Grignon, fille de Gabriel Grignon, etc, et de Marguerite Perrin.

Parrain. — Messire Jehan François de Biet,

escuyer-conseiller du Roy dans ses conseils, chevallier, maréchal de camp dans les armées de France, capitaine dans ses gardes, seigneur des Chapelles, Boytron, Villemigeons et de Courcelles.

Marraine. — Anne Panier, femme de messire Jehan Grignon.

1655. — Baptême de Bône.

Parrain. — Mathieu Piron, homme de chambre de M. Duboys, prieur de Fontenay et seigneur du Ménillet.

1655. — Baptême de Martin Grignon.

« Je soussigné, chanoine de l'esglise cathédrale de Laon, certifie à tous qu'il appartiendra pour la vacance de la cure des Chapelles et déffault de vicaire.......... avoir ce jourd'hui, premier jour septembre de la présente année 1655, baptisé Marthe Grignon, fille de noble Gabriel Grignon et de damoiselle Marguerite Perrin, ses père et mère ; fut son parrain messire Jean Dubois, conseiller aumônier du Roy, prieur de Fontenay, etc., etc., et sa marraine damoiselle Marthe Debar. Signé : Vallanet. »

1661. — Baptême de Claude Mayet, fils de Jehan Mayet, concierge au château des Chapelles, etc.

1665. — Baptême de Louise-Marie Martinet.

Nota : « que le jour 30 avril 1665 est née une fille du mariage de M. Jehan Martinet, bourgeois de Paris, et de Marie Merlin, ses père et mère, laquelle a esté baptisée en la paroisse de St-Leu et St-Gilles, le lundi quatriesme may, en suivant, son parrain M. Louis Martinet, prestre, curé des Chapelles-en-Brye, son oncle paternel; sa marraine, damoiselle Elisabeth de Boutifar, dame du Mesnil, demeurant à Paris, laquelle luy a imposé le nom de Louise-Marie ; fait le 9 may 1665. » Baptême inscrit dans les registres de la paroisse, quoiqu'ayant eu lieu à Paris.

1665. — Baptême de Noël Taissilly, fils de Mathurin Taissilly, laboureur au hameau de la Houleuse, etc.

1666. — Baptême de Pignault.

Parrain. — Jean Grignon, escuyer, sieur de Beaumarchais.

Marraine. — Marianne Grignon.

1666. — Baptême de Marguerite Pignault.

Parrain. — De Richemond, conseiller et secrétaire du Roy.

Marraine. — Marguerite Grignon.

1666. — Baptême de Louis Magny.

Parrain. — Gratien Capronnier, escuyer, sieur de la Fortelle, seigneur de Neufmoutiers en partie.

Marraine. — Louise Bouton, femme de mons^r^ Desnoyers, trésorier, etc.

1667. — Baptême de Claude Royer, fils de Philippe Royer, jardinier au château des Chapelles, etc.

Parrain. — Messire Claude Byet, conseiller, aumônier du Roy, abbé de Villiers, seigneur du dit lieu.

Marraine. — Dame Anne Dunoyer, femme de messire Charles Bernard, conseiller secrétaire du Roy, seigneur du Chemin.

1667. — Baptême de Barbe-Angélique Dubois, fille d'honorable Jean Dubois, marchand, et de Marguerite Mérigot.

Parrain. — Jean Dubiet, bourgeois de Paris, contrôleur de la maison de monseigneur le duc de Guise.

Marraine. — Barbe Regnard, sa tante.

1668. — Baptême de Catherine Licoutre.

L'acte est ainsi libellé : « Le dimanche quatriesme mars 1668 a esté, par messire François Jolly, prestre, vicaire de la Sainte-Chapelle N.-D. du Vivier-en-Brye, baptisée, etc., etc. »

1674. — Baptême de Geneviève Magloire.

Parrain. — Pierre Desbarres, huissier royal à Tournan.

Marraine. — Geneviève Lesueur, femme de M. René Blanchard, procureur à Tournan.

1681. — Baptême de Marguerite Pignault.

Parrain. — Jean Coignet, procureur au Parlement.

Marraine, — Damoiselle Marguerite D'Hyé, fille du noble homme Paul D'Hyé, conseiller du Roy, premier sous-bailly aux Chapelles de Tournan.

1686. — Baptême de Antoine Jollain.

Parrain. — Antoine Marion, escuyer, seigneur de Champrose,

Marraine. — Damoiselle Brigitte Desréaux, sa femme.

1687. — Baptême de Claude Sollain.

Parrain. — Claude Maroq, receveur du domaine de Tournan.

Marraine. — Damoiselle Brigitte Marion, laquelle, pour son absence, a prié dame Marie Caqué, de tenir l'enfant comme procuratrice de la dite damoiselle Marion.

1689. — Baptême de Alexandre Jollain.

Parrain. — Messire Alexandre Guibillon du Colombier, escuyer, seigneur des Chapelles et de La Motte.

Marraine. — Damoiselle Brigitte Marion.

1701. — Baptême de Marie-Anne Prestelle.

Parrain. — François Hibon, valet de chambre de M. de Sandrac, seigneur de Beaumarchais...

Marraine. — Marguerite Lemaistre.

1713. — Baptême de Pierre Chipot.

Parrain. — Messire Pierre Michault, curé des Chapelles.

Marraine. — damoiselle Anne Madeleine Bernard, fille de messire Louis-Alexandre Bernard, chevalier, seigneur de Neufmoutiers et du Chemin.

1730. — Baptême de Louise Elisabeth Larché.

Parrain. — Jean-Louis de Flavigny, chevalier du. . . . . paroisse de la Magdeleine lès-Tournan.

Marraine. — Marie Elysabeth de Lepüich de la Lombière, damoiselle d'Aygues-Bonnes.

1730. — Baptême de Pierre-Philippe Chemin, fils de Philippe Chemin, garde-chasse à Champrose de monsieur de Moras, maistre des requestes à Paris.

Parrain. — Jacques Relincgt, bourgeois de Paris.

Marraine. — Suzanne Lepüich de la Lombière, damoiselle du Poirier.

1763. — Baptême de Jude François Soudin, fils de François Soudin, garde-marteau du comte d'Eu, pour S. A. S. Monseigneur le comte d'Eu, et demeurant au château de Champrose.

2° MARIAGES

1644. — Mariage de François Dagneau, secrétaire de la Chambre du Roy, demeurant à Paris.

Avec Marguerite Perrin, fille de Jacques Perrin, en son vivant écuyer, sieur des. . . . . des gardes du corps du Roy, et de Marie Lamberti, de la paroisse des Chapelles, y demeurant.

1646. — Mariage de Gabriel Grignon, escuyer sieur de la Barre, capitaine dans le régiment de Follenille,

Avec: Marguerite Perrin.

Ledit mariage fait dans la Chapelle de Beaumarchais.

1646. — Mariage de François Grignon, escuyer, sieur de la Corbonnière,

Avec damoiselle Marie Perrin.

Ledit mariage fait dans la chapelle de Beaumarchais par messire Jehan Leroux l'aisné avec la permission du curé de la paroisse.

1664. — Mariage de Jean Dumont, charretier au château de Monsieur Byet (seigneur des Chapelles),

Avec Jeanne Raoul.

1665. — Mariage de Jean Letellier,

Avec Anne Thierry.

3° INHUMATIONS
(faites dans l'intérieur de l'Eglise)

1641. — Pignon Marie, femme de Victor Bozon, 28 décembre.

1642. — Houdion Claude (devant le crucifix), 15 mars.

1643. — Quatremault Laurent, 2 décembre.

1644. — Le Conte François, 17 février.

1644. — Ledoulx Pierre, 26 mars.

1644. — Pinault Tiennette, 7 juin.

1645. — Pigeon Gabriel, 23 juillet.

1646. — Desforges Marguerite, femme Magloire François, 22 avril.

1646. — Messire Jehan Leroux, en son vivant prêtre, pour lors chapelain de Beaumarchais, cidevant curé des Chapelles, âgé de 69 ans, inhumé dans le chœur de l'église, 26 octobre.

1646. — Magloire Marie, 8 novembre.

1649. — Pinault Gabrielle, inhumé dans l'église proche la grande porte, 15 mars.

1649. — Robinot Marie, 14 août.

1650. — Bezon Hector, 10 mai.

1650. — Gardin Cosme, 28 juillet.

1652. — Du Cuir Marguerite, 29 octobre.

1652. — Le Bouc Nicolas, novembre.

1653. — Cuviliers Pierre, dit de la Brizée, caporal dans la compagnie de Monsieur de Courcelles au régiment des Gardes, 4 janvier.

1654. — Guiot Anne, veuve de Nicolas Le Bouc, 4 janvier.

1653. — Guiot Marie, 19 novembre.

1654. — Lothon Martin, 12 mars.

1654. — Gardin Marie, 23 mai.

1654. — Martin Jean, maître d'école, 5 novembre.

1654. — Picot François, enfant, 6 novembre.

1655. — Cordier Jeanne, 19 février.

1655. — Robinet Barbe, femme Michel Pinault, 16 avril.

1655. — Pinault Christophe, 17 avril.

1657. — Many Jeanne, femme Godefroy Pinault, 11 septembre.

1658. — Magdelaine Mauget, femme Blaise Diot, 24 décembre.

1659. — Picot Marie, 10 ans, 1er juin,

1660. — Bezon Philippe, 22 ans, 10 février.

1660. — Pinault Jacques, 27 ans, 26 avril.

1660. — Le Conte Marie, 7 ans, 11 septembre.

1663. — Fleuroy Julie, femme Michel Diot, 18 juin.

1664. — Picot Alexandre, jardinier de Monsieur l'abbé Byet, seigneur des Chapelles, 43 ans, 23 mars.

1665. — Trudon Adrien, jardinier de Monsieur l'abbé Byet, seigneur des Chapelles, 13 novembre.

1666. — Bourrié Clémence, veuve de Etienne Royer, 12 mai.

1667. — Magloire Jacques, laboureur, 66 ans, 8 septembre.

1677. — Chouesne Claude, 5 mois, 18 septembre.

1669. — Prestel Edme, 7 ans, 30 avril.

1669. — Guiot Didier, 36 ans, 12 mai.

1669. — Grignon Marguerite, femme de Monsieur de Jean Marrion, sieur de la Quadrunière, advocat au Parlement, 23 ans, 12 mai.

1669. — Paillard Denise, femme Gutot Blaise, 40 ans, 23 juin.

1669. — Jogan Denise, femme Ch. Marisault, 40 ans, 19 juillet.

1669. — Pignault Brice, 42 ans, laboureur, 11 novembre.

1670. — Magny Jérôme, 19 ans, 21 juillet.

1671. — Lambin Jeanne, 45 ans, 14 décembre.

1674. — Messire Claude Byet, en son vivant chanoine de l'église Notre-Dame de Paris, abbé de Villiers, seigneur des Chapelles-Bourbon, Courcelles, Boytron et autres lieux, 17 mars.

1674. — Guinaut Catherine, 19 ans, 29 décembre.

1675. — Colas Elisabeth, 79 ans, 6 février.

1675. — Guyot Michel, 84 ans, 15 novembre.

1676. — Le Conte Charlotte, 12 ans, 8 février.

1676. — Le Conte François, 14 ans, 8 mars.

1677. — Guyot Blaise, fermier à la Honteuse, 48 ans, 25 avril.

1679. — Demoiselle Degoulaine Claude, 80 ans, 17 novembre.

1679. — Demoiselle Digrils de Saint-Paul, fille de Edme Pignault, 43 ans, 28 novembre.

1684. — Le Conte Denis, 20 juin.

1688. — Bridou Geneviève, fille de Hippolyte Magny, laboureur, 10 août.

1684. — Magny Geneviève, 10 ans, 29 décembre.

1688. — Guyot Anne, 25 ans, 15 février.

1688. — Guyot Louis, laboureur, 25 ans, 16 juin.

1688. — Marchant Charles, maréchal, au Ménillet, 68 ans, 26 septembre.

1689. — Pignault Marie Anne, 23 ans, femme Pierre Chenault, 14 février.

1690. — Demoiselle Leguigneux Antoinette, 32 ans, inhumée dans la chapelle de la Vierge, 20 janvier.

1691. — Messire Martinet Louis, 62 ans, curé de cette paroisse, chapelain de la chapelle de Beaumarchais, inhumé dans le chœur, 2 janvier.

1694. — Giriase Pierre, 14 juin

1694. — Giriase Pierre, fils du précédent, 6 ans, 1er août.

1694. — Goslin François, 23 octobre.

1694. — Magny Louis, 19 décembre.

1695. — Leconte Marie, 4 janvier.

1695. — Prestel Jean, 10 mars.

1695. — Paillard Elisabeth, 30 décembre.

1700. — Dorion Aubin, 5 mai.

1701. — Chipot Jean, 20 ans 1/2, 1er mars.

1701. — Pinault Edme, 10 mars.

1705. — Messire Jacques Chesnay, curé de la paroisse, inhumé dans le chœur, en présence de Antoine Morin, curé de Notre-Dame de Presles, Damien Colandière, curé de Liverdy, Jean Granday, curé de la Fermeté, François Clément, chapelain de la chapelle royale du Menier (Ménillet), De Champin, curé de Saint-Denis de Tournan, doyen royal, 9 janvier.

1707. — Bourgeot Françoise, femme de Louis Marchand, syndic et laboureur, inhumée dans la nef, 16 février.

1707. — Marchand Charlotte, 40 ans, femme de Germain Chipot, laboureur à la Honteuse, 16 août.

1707. — Naudet Marie, veuve de Jean Prestel, 75 ans, inhumée dans la nèfe, 9 novembre.

1708. — Marion Claude, 10 mois, fils de Monsieur Marion de Champrose et de Madame De Boutton de Chamilly, 18 août.

1710. — Marchand Louis, 64 ans, laboureur syndic, au château des Chapelles, inhumé dans la nèfe, 22 février.

1710. — Bernier Marie, 54 ans, femme de Nicolas Maréchal, février.

1710. — Diote Suzanne, femme de Gilles Langlois, inhumée dans la nèfe, 9 mai.

1711. — Marchand Edme, 28 ans, laboureur aux Vieilles-Chapelles, époux de Marie Filandier, inhumée dans la nèfe, 13 janvier.

1712. — Marchand Françoise, 25 ans, femme de Jacques Magnan, inhumée dans la nèfe, 5 mars.

1713. — Chipot Marie Françoise, 2 ans, inhumée dans la nèfe, 22 août.

1722. — Messire Pierre Michault, curé, inhumé dans le chœur, 21 octobre.

1724. — Chipot Germain, 6 ans, 21 août.

1725. — Chipot Marianne, 14 mois, sœur du précédent, 9 janvier.

1732. — Larché Cyr Nicolas, 32 ans, 26 septembre.

1740. — Brossier Geneviève, 34 ans, femme de Lambin Nicolas, fermier à la Jaudel, 6 janvier.

1741. — Chaussy Madeleine, 63 ans, 13 juillet.

1742. — Chipot Germain, 71 ans, fermier au château des Chapelles, 7 novembre.

1753. — Jeanne Fare, 34 ans, femme de Denis Etienne Savard, jardinier, au château de Champrose, 4 mai.

1759. — Daguin Jeanne, 76 ans, femme de Aubin Viat, fermier à Champerose, 28 septembre.

1762. — Louis Nicolas, 42 ans, fermier aux Vieilles-Chapelles, mars.

1762. — Héricourt Marie Louise, 18 ans, femme de Jean Aubin Viat fermier à Champerose, 22 mai.

1764. — Juppin Jean, curé des Chapelles, 80 ans, inhumé dans le chœur, 5 mars.

4° DOCUMENTS DIVERS

1655. — Mention de Jehan Duboys, prieur de Fontenay et seigneur du Ménillet, conseiller aumônier du Roy, dans un acte de baptême.

1666. — Mention de Jean Grignon, escuyer, seigneur de Beaumarchais dans un acte de baptême.

1666. — Mention de Gratien Capronnier, escuyer, sieur de la Fortelle, seigneur de Neufmoutiers, dans un acte de baptême.

1667. — « Veu par nous, archidiacre de Brie au cours de nos visites, Ordonnons au prestre de suivre la formule prescrite dans le manuel de ce diocèse pour enrégistrer les actes de mariage, d'y nommer deux témoins au moins et de les faire signer ou faire mention de la déclaration par eux faite de ne savoir signer — ce 29 août »

Signé : De la Brunetière.

1674. — Mention de Madame de Delamezon, propriétaire du Lymodin.

1674. — « Présent registre a été discontinué pour l'obligation qu'on a eu d'escrire sur le papier timbré suivant l'ordonnance de Sa Majesté. »

ACTE DE DERNIÈRE VOLONTÉ REÇU PAR LE CURÉ

1694.—«Le vingt octobre mil six cent quatre vingt quatorze François Teslin, âgé d'environ quarante ans, manœuvrier demeurant dans la paroisse des Chapelles-Bretheuil de puy environ huit ans, natif de la paroisse de Linière du diocèse du Mans estant au lit malade après avoir reçeu le viatique, sain touttefois d'esprit, m'a déclaré en présence de Claude Goyer en forme de testament ce que dessous désirant que je le fasse exequuter comme sa dernière volonté. Il veut 1° que ses dettes soient payées, 2° le pain que lui a fourni Lagrange demeurant à La Houssaye, la viande que lui a fournie Melot, boucher à Tournan et ce qu'il doit qui est peu de chose à d'autres personnes scavoir Boulinger et Lebreton à Tournan desquels il avait une entière confiance pour le payement de dettes.

Il dit estre dû par Rouyer de Marles trente livres à trente de plus grande somme; vingt-trois livres par Rebais dudit Marles qui a un cheval a luy depuis le commencement des semailles qu'il ne luy a point vendu et ce que luy doit Louis Vizard à Champroze de reste pour le travail qu'il lui a fait depuis plus de deux ans avec lequel il veut et entend que je compte, se rapportant de toutes choses à luy à cause de sa probité et à qui il veut aussi que je donne quittance. Lesquelles dettes estant payées, sa volonté est qu'on fera dire des messes pour le repos de son âme après ses funérailles où il y aura trois messes chantées. Tout ce que dessus m'a esté déclaré par ledit Teslin en foy de quoy j'ay signé avec lesdits Goyer témoins qui ont pareillement signé le même jour et an que dessus. »

Vendredi, 1er jour de Janvier 1706. — A l'issue des vèpres chantés dans l'église de la paroisse de Saint-Vincent-des-Chapelles-Breteuil, se sont assemblés les habitants au son de la grosse cloche à la manière accoutumée devant la principale porte de cette église sur le requis de M. Pierre Michault curé du dit lieu pour nommer un marguiller etc., nomination de Gille Langlois, laboureur, demeurant au château du Menillet.

9me jour de Mars 1806, — Adjudication du prés de l'église de Saint-Vincent; Gille Langlois marguillier comptable a mis à l'encher l'herbe et fruit du cimetière, Jean Broslier adjudicataire à quatre livre quinze sols comme le plus et dernier enchérisseur,

Trois harpens et demy des grands prés des Chapelles, adjugé à Jean Bertin, laboureur, demeurant au Limosin, à 24 livres à la charge de l'ébuter et de l'entretenir pendant les trois ans et le rendre en état de fauche,

Cinq quartiers de prés sis dans la même partie à Emd Marchand à dix livres, mêmes conditions et autres pièces et quartiers de terres adjugés aux mêmes conditions à Bastien Adro, à M. Marchand, syndic; à M. Sendras.

15 janvier, second dimanche de l'Épiphanie 1708.

Henry Prestel laboureur nommé syndic en la place de Gille Langlois pour deux années consécutives.

— 10me jour de Mars 1709. — A lissu de la grande messe se sont assemblés au presbiter les habitants et marguillier de la paroisse.

Adjudication de dix huit harpans de terre labourable à Germain Chipo, tant et si longtemps qu'il demeurera dans la ferme de la Honteuse, 22 livres à payer à la paroisse.

1709. — Inventaire de l'argenterie et ornements de l'église des Chapelles-Breteuil.

Soleil en argent, calice, ciboire en argent, encensoire en cuivre, deux burettes, et un bassin d'étain, huit chandeliers en cuivre avec la croix etc., etc., chasubles, aubes, nappes d'autel, missel, graduels, antiphonies romains etc., etc.

1709. — Septième dimanche après la Pentecôte.

Adjudication du prés de l'église.

1709. — Grand hyver malheureux.

L'année 1709 a été très funeste à tout le monde par la grande et excessive gelée qui a commencé la veille des Roys, et a continué sans interruption jusqu'à la Purification ; au commencement de février, il est venu un dégel de trois jours après quoy le froid a encore pris plus fort qu'auparavent avec une quantité de neige. Cela a duré jusqu'à la fin de février ou il est arrivé encore un dégel et après le froid a encore pris très rigoureusement jusqu'après Pâques où la terre étant découverte on a aperceu que les bleds étaient gelez c'est ce qui a causé une consternation nouvelle surtout à cette paroisse dont les terres étant gelées n'ont pu être remises en valeur à cause de la grande pauvreté excepté beau marché ou l'on a fait quelques orges qui ne vien que dans les terres marnées, on a semé du sarasin mais il en en est venu presque pas parceque ces terres n'y sont pas propres, le bled a valu jusqu'à 72 le septier, la mortalité a été sur les hommes et sur les animaux.

1709. — La veille de l'Assomption l'on a mis deux rideaux en indienne à la chapelle de la Vierge provenants des quettes que l'on a fait pendant trois ans.

(Aujourd'hui il n'y a pas de trace de chapelle de la Vierge dans l'église. — Année 1885.)

20 Octobre 1709. — Nomination de Nicolas Marchal comme marguillier au lieu et place d'Ed. Marchand.

Adjudication du prés de la paroisse.

L'an 1712 le 26me jour de Juillet adjudication des prés de l'église.

Une somme de 23 livres est destinée à l'achat d'une chasuple.

Vente d'un ban de l'église à Me Eliot.

26 décembre 1712. — Nomination de Louis Lucain comme marguillier au lieu et place de Nicolas Marchand.

Adjudication du prés et terre de la paroisse.

Les folios 265, 266, 267, 268, 269, 1er volume, contiennent, comme ci-dessus, la vente des terres, prés et bois de la paroisse et des nominations de marguilliers.

CONTRAT PASSÉ DEVANT LE CURÉ

1714. — Le quatre mai mil sept cent quatorze, Louis Forgeron l'aîné, pour confirmer la déclaration de feue sa mère, luy a fait en datte du quatorze feuvrier de la même année, en présence de M. le curé, de Louis Goyer et Michel Jolin sçavoir quelle avait amené dans le château du Menillet quatre vaches, un lit garni d'une couverture et d'un drap, un potagé, un bassin, quatre plats, une chopinne détain, deux chaudrons, un pölon, une cuiller de fer et un chandelier en cuivre, s'engage et s'oblige par accommodement envers ses frères et sœurs de leur donner le plutôt qu'il lui sera possible à chacun, vingt livres qui font la somme de 100 livres, outre les dettes que ledit Forgeron a paié pour sa mère, scavoir : quarante livres à Eliot pour un loyer de maison ; trente-six livres à Louis Goyer et dix-huit livres à Germain Chipo pour la taille de sa mère ; onze livres pour les chirurgiens et neuf livres pour les droits sainceraux, laquelle somme de cent livres sera donnée en détaille par ledit Forgeron a ses dits frères et sœurs pour leurs entretiens. Et pour sûreté dudit Forgeron il sera tenu de tirer une quittance des marchands ou il achètera la marchandise pour le besoin de ses frères et sœurs, laquelle quittance sera visée par M. le curé. Ledit accommodement et la ditte obligation leu et releu à Louis-Nicolas Forgeron qui se portant fort pour ses frères et sœurs a accepté ledit accommodement et la ditte obligation et consent que tout ce que cy-dessus leur mère a apporté dans le susdit Ménillet demeure et appartient en nature audit Forgeron lainé sans qu'il puisse être inquiété. Fait ce jour et an, ils ont signé tous deux ledit accommodement en présence de M. le curé et madame Labbé lesquels ont signé avec eux.

1714. — L'an mil sept cent quatorze le dix-neuvième juillet a été inhumé dans le cimetière François Lefeuvre âgé de quarante ans, trouvé mort dans le fossé du Limosin, proche le puids et enlevé par la justice de Fontenay et apporté sous lorme pour être enterre en présence de, etc.

ACTE DE DERNIÈRE VOLONTÉ REÇU PAR LE CURÉ

1716. — L'an mil sept cent seize, le vingt-huitième jour de janvier, Anne Bailly, femme de Claude Véron, manouvrier, demeurant en cette paroisse d'Echappelles âgée de quarante ans environ étant au lit malade saine toutefois d'esprit comme il nous a paru et aux témoins cy-dessous nommés, ma déclaré à moy curé soussigné et aux témoins que pour la bonne volonté quelle a toujours eu pour sa paroisse quelle laisse et legue à la susdite paroisse la somme de soixante livres pour une bannier fervante à l'église de Saint Vincent d'Echapelles sa paroisse laquelle somme sera prise sur la part et portion des héritiers de la dite Anne Bailly sans que son mary Claude Véron en soit tenu ny inquiété. Ledit acte a été lu et relu par moy curé à la dite Anne Bailly en présence de maître Jean Lerise, maître chirurgien à Tournan y demeurant et de Louis Goyer, manouvrier, et de Nicolas Maréchal, laboureur, tous deux habitants de cette paroisse laquelle Anne Bailly ma déclaré à moy curé et aux témoins soussignés quelle a bien entendu ledit acte que telle est sa volonté en foy de quoy nous avons tous signé, la légatrice a déclaré ne scavoir signer.

MARCHÉ PASSÉ AVEC UN MENUISIER

POUR LA RECONSTRUCTION D'UN RETABLE D'AUTEL

1720. — L'an 1720, le 26e jour de may, jour de la Trinité, à l'issue de la grande messe, au son de la grosse cloche, se sont assemblez dans la salle presbitérale, les marguilliers et habitants de la paroisse pour procéder à la construction d'un retable d'autel. Louis Gorge, maître menuisier, à Rozoy, s'est présenté à M. le curé, à M. et Mme Laisné et aux habitants pour entreprendre ledit ouvrage. Ledit Gorge s'engage de faire un retable d'autel suivant et conformément au dessein par lui présenté. Le tout fait de bon bois de chêne loyal et marchant. Ledit Gorge s'engage de mettre un chérubin à la corniche et un agneau au milieu de la porte du tabernacle au lieu et place du calice. La table d'autel sera large de deux pieds et dix pouces. Ledit Gorge est obligé de mettre une pièce en bois de chêne accommodée proprement pour tenir les carraux et il y aura trois marches à l'autel. Ledit Gorge s'engage de faire le coffre d'autel non fermé par devant, mais bien fermé par les deux bouts. Ledit Gorge se servira du même cadre et du marchepied qu'il raccommodera moyennant la somme de deux cents livres qui lui sera paiée en trois paiements à sçavoir : en commançant l'ouvrage, l'autre au commancement de septembre et le dernier quand ledit ouvrage sera mis, placé, visité et approuvé. A chaque paiement on lui donnera soixante-six livres seize sols quatre deniers. Et ledit Gorge veut qu'en cas de mort son fils s'engage et s'oblige de poser ledit autel de telle sorte qu l'on pourra dire la messe le jour de la Toussaint prochain. Ce sera le marguillier en charge qui paiera ledit Gorge, conjointement avec M. le curé. Et le marché fait double entre nous au-dessous duquel nous avons tous signé. Fait aux Chapelles le jour et an que dessus.

1720. — Le 21 décembre, jour de saint Thomas, j'ai eu l'honneur de bénir le maitre-autel de notre église dont la menuiserie a coûté deux cents livres et le tableau cent francs, sans conter la masonnerie,

1726. — Inventaire (2e). Ornements de l'église. (C'est certainement par erreur que cet inventaire est daté sur le registre de la paroisse de 1706.)

1727. — Inhumation de damoiselle Magdeleine Juppin, natif de Pontoise, âgée de 34 ans, fille de défunts maistre Jean Juppin, vivant Procureur................ sièges royaux de Pontoise, et de Marie.............. en présence de messire Antoine Desagneaux, curé de Neufmoutiers et de M. Laisné, officier, gentilhomme de Sa Majesté et de M. Pierre Dosne, prestre, etc.

1746. — Le dimanche après midy, mil sept cent quarante-six le vingt-septième de mars a esté inhumé au cimetière de cette paroisse le corps d'un soldat prisonnier de la garnison de Courcelles, décédé subitement la nuit précédente après avoir néanmoins donné quelques signes de catholicisme romain, par le baiser de la croix au rapport de Jacques Jacquet, cabarretier en ce lieu, chez lequel il est décédé après avoir mandié sa vie, n'ayant pu suivre le régiment à cause de ses pieds conflés, aagé environ de trente-cinq ans, hault de quatre pieds et demi, et aux rapports des soldats de ladicte garnison ayant femme et trois enfants et dont on ne scait ny l'origine ny le langage, fait en présence dudit Jacquet qui a signé avec nous.

1751. — Il n'y a eu en cette année ni baptêmes, ni mariages, ni sépultures.

1786. — L'an mil sept cent quatre-vingt-six, le trois août a été inhumée dame Marie Jeanne Richard, décédée le deux, âgée de soixante-six ans, mariée à la paroisse de Saint-Nicolas-des-

Champs, à Paris, épouse du sieur de Vitry, ancien greffier de la Prévoté et Maréchaussée générale de l'Isle de France et de la Capitainerie royale de la Varenne du Louvre, grande Vénerie et Fauconnerie de France. L'inhumation faite en présence du sieur Chandon, jardinier du parc de Champrose et d'Edme L'Ecuyer, aubergiste à la Madelaine, à présent à Champrose, soussignés avec nous.

1789. — L'an 1789, le quatre novembre a été inhumée au cimetière Susanne Angélique, âgée d'environ quatre-vingt cinq ans, fille de baron de Brinck, danois d'origine, secrétaire d'ambassade, commissaire ordonnateur des ports de mer et de la marine française. L'inhumation s'est faite en présence de M. Leroux chez qui elle prenait sa pension, à Champrose, etc.

CHATEAUX ET ÉCARTS

DE LA COMMUNE

1° ECARTS DISPARUS

Avant de parler des écarts existant aujourd'hui dans la commune des Chapelles-Bourbon, il est intéressant de rappeler qu'il y avait autrefois, dans la Paroisse cinq hameaux qui ont complètement disparu.

Le travail du temps et la main des hommes ont accompli peu à peu cette œuvre de destruction qui a dû être motivée par certains changements d'habitude de la population et des modifications dans le genre de culture des terres. Le pays est, par exemple, beaucoup plus boisé aujourd'hui qu'il ne l'était jadis et exige, par conséquent, moins de fermes en exploitation qu'autrefois.

Voici la liste des hameaux ou écarts disparus :

La Honteuse. — Constatation dans les registres de la paroisse d'une ferme appelée « La Honteuse », qu'on retrouve à différentes reprises sous ce nom et aussi sous celui de « La Petite-Honteuse », et encore sous celui de « Hameau de la Honteuse », ce qui porte à croire qu'il y a eu là une agglomération de plusieurs habitations. Ce hameau existait dans les bois du Ménillet et devait faire partie de cette seigneurie. On y trouve encore aujourd'hui un puits ayant appartenu à cette ferme, et une pièce d'eau encore maçonnée, qui devait autrefois servir d'abreuvoir.

Le Trou-au-Rue. — Constatation dans les registres de la paroisse d'un hameau appartenant aux Chapelles, et s'appelant tantôt « Le Trou de la Rue », tantôt « Les Trous de la Rue ». Ce hameau est indiqué une ou deux fois à tort comme appartenant à la paroisse de Neufmoutiers ; il était comme le précédent situé dans les bois du Ménillet.

La Mare Matra. — Au lieu dit aujourd'hui « La mare Matra » existait jadis une ferme de ce nom dont il ne reste plus aucune trace. — Une remarque curieuse à noter ici : C'est que les registres de la paroisse ne contiennent les noms d'aucun habitant ayant appartenu à cette ferme.

La Bretêche. — Suivant la légende, il existait au lieu dit « La Bretêche » une forteresse. Dans les bois de la Bretêche on trouve, en effet, des restes de fossés.

La Jodelle. — La Jodelle était autrefois une ferme dont il ne reste plus aujourd'hui qu'une maisonnette en pierre qui appartient au domaine du Lymodin, dont le château est sur le territoire de la commune de la Houssaye.

2° ECARTS EXISTANTS

CHATEAU DE BEAUMARCHAIS

La première mention qui soit faite de cette terre remonte à 1548, à la date du 16 mai. C'est un acte par lequel Gustave Prudhomme, seigneur du fief de Beaumarchais, conseiller du roi et général de ses finances, avoue tenir de demoiselle Anne Godonvillier, dame de Pézarches, le dit fief de Beaumarchais, qu'il a acquis de Jacques de Poisieu, chevalier, seigneur de Vallery, et d'Antoinette de Costée.

Ce fief consistait en cens, rentes, los et ventes, saisines et amendes, plus 26 arpents de terre.

Guillaume Prudhomme était en même temps seigneur de Liverdy et de Fontenay ; il avait épousé Marie Cüeillette, dame de Freschines. Sa fille a été mariée en 1532 à Nicolas de Neufville-Villeroy.

Le 29 juillet 1641, Nicolas Lamberty, écuyer, seigneur de Beaumarchais et du Breuil fonde une chapelle dans le château de Beaumarchais et affecte à cette fondation cent cinquante francs de rente à prendre sur la ferme de la Pigeonnière.

Le 3 décembre 1648, confirmation de cette fondation. Érection en titre de chapellenie et bénéfice perpétuel sous l'invocation de la Vierge, de la chapelle bâtie dans la cour du donjon de Beaumarchais. Paroisse des Chapelles-Haouches (Haoüies).

M. Lamberty obtient l'amortissement de la ferme de la Pigeonnière. L'abbaye de Faremoutiers se réserve seulement 12^{s} 6^{d} de cens et surcens sur 4 arpents et 1/2 de pré, au Petit-Fauvinet, avec le droit de justice sur ces 4 arpents et demi.

1699. Le fief de Beaumarchais, relevant de M. François de Bernage, seigneur de Pézarches, appartient à Madame Elisabeth Turpin, veuve de Mre Michel Le Tellier, chancelier de France.

1701. M. de Sandrac, seigneur de Beaumarchais.

8 septembre 1716. Jean Jacques Laisné, seigneur de Beaumarchais, est nommé gentilhomme servant du roi, en remplaçement d'Antoine Philibert de Rosset.

1750 La chapelle est dotée d'un bénéfice de terres louées moyennant 400 francs. Les terres de la chapelle de Notre-Dame de Beaumarchais sont dans la haute, moyenne et basse justice et mouvance de Mre Louis Joseph Plumard de Dangeul, seigneur de Pavant, La Houssaye, Marles en partie, etc.

1760. Nicolas-Paul Jullien, procureur fiscal, seigneur du fief de Beaumarchais.

1784. M. du Poirier, avocat au Parlement, était seigneur de la terre de Beaumarchais. Sa fille a épousé M. Carré, décédé conseiller référendaire à la Cour des comptes. D'accord avec ses fils : MM. Franck Carré, pair de France, premier président de la Cour royale de Rouen, Germain Carré, maréchal de camp et Charles Carré, directeur des contributions indirectes, elle cède, le 20 janvier 1825, la terre de Beaumarchais à M. le comte Lanjuinais, pair de France, membre de l'Académie royale des Inscriptions et Belles-Lettres.

M. le général baron de Berthois ayant épousé Mlle Lanjuinais, hérite de ce domaine qu'il vend, le 22 janvier 1870, à M. Henri Chausson, propriétaire actuel.

M. Colmant, chef de culture.

Le « Petit-Beaumarchais » était une agglomération de maisons relevant du château, agglomération qui existe encore aujourd'hui en partie.

CHATEAU DU MÉNILLET

Le Ménillet (autrefois « Méniet »), dont j'ai eu l'occasion de parler dans le cours de cet ouvrage, était une terre noble. Cette terre, appelée « Mesnil-Forteret » dans les plus anciens titres, était, avant 1378, un monastère portant le nom de « Sainte-Catherine des Enfants. » Sous le roi Charles V, les acquéreurs du domaine soutinrent une instance, prétendant qu'ils avaient droit de basse, moyenne et haute justice. La basse justice leur fût seule accordée.

En dernier lieu, ce domaine avait appartenu à M. le duc de Montpensier, né Antoine-Marie-Philippe-Louis d'Orléans, par suite du décès du roi Louis-Philippe son père, et par héritage de la Princesse Eugénie-Louise-Adélaïde d'Orléans, sa tante.

Le 4 avril 1863, MM. Dupuis et Godefroy, devenus acquéreurs de cette terre, l'ont revendue à M. Singer, propriétaire du château du Chemin, commune de Neufmoutiers. Elle appartient aujourd'hui à son fils.

Le château du Ménillet, qui est situé au milieu des bois, n'a pas été atteint par le temps, et présente encore les caractères d'une sorte de petite forteresse. Autrefois, les bâtiments étaient entourés de fossés remplis d'eau, comme du reste l'étaient la plupart des maisons seigneuriales du pays.

Les registres de la paroisse des Chapelles font très souvent mention de gens de métiers et de cultivateurs qui vivaient sur ce fief, ainsi que des seigneurs du lieu.

Aujourd'hui le château est devenu un rendez-vous de chasse ; il est habité par un garde

---

FERME DE CHAMPROSE

Champrose (qu'on trouve également écrit Champ-Rose et Champrouze en 1254) était une seigneurie qui, en 1739, appartenait à François Peirenc de Moras, conseiller au Parlement, marquis de St-Priest, seigneur de Favières, Maudegris etc. En 1770, son frère, François Marie, marquis Peirenc de Moras, marquis de Grosbois, maître des requêtes, intendant du Riom et de Hainaut, contrôleur général des finances, et maître de la marine, résidait en sa terre de Champrose, dont il avait hérité.

Le duc de Penthièvre était, en 1789, propriétaire du château de Champrose.

Le 11 avril 1810, le maréchal Augereau acheta cette propriété de Madame Micault de la Vieuville, née Cudel de Villeneuve.

En 1818, le 9 août, M. Ségaux et Madame Isabelle vendirent une partie de ce domaine à M. Millet, qui lui-même en fit la cession, le 26 août 1832, à M. Caron. Au décès de celui-ci, M. Granger, son neveu, devint propriétaire de cet immeuble.

Le 2 avril 1862, il le vendit à M. Dehesdin. A la mort de ce dernier, M. Singer, propriétaire du château seigneurial du Chemin, commune de Neufmoutiers, fit l'acquisition de cette terre, le 8 février 1882.

Quant aux bois de Champrose, ils faisaient partie du domaine d'Armainvillers, cédé par le roi Louis XV à M. le comte d'Eu, mort sans enfants. M. le duc de Penthièvre, son cousin germain, hérita de ces bois qu'il transmit avec d'autres immeubles à sa fille, sa seule héritière.

Le château de Champrose a complètement disparu ; il ne reste que la ferme.

Fermier : M. Fresse.

FERME DES VIEILLES-CHAPELLES

Comme il a été dit précédemment et par les motifs que j'ai énumérés, il y a tout lieu de croire que les deux chapelles, fondées en 1080 par Haouïs de Garlande, devaient se trouver sur la partie du territoire où depuis a été bâtie cette ferme.

Le château des Chapelles devait également être élevé en ces lieux. L'histoire ne dit pas quand ce château a disparu.

Ce domaine appartenait, avant la Révolution, au prince de Bourbon-Penthièvre, qui était seigneur du pays.

Le 3 nivôse an VI, la ferme fut vendue comme bien national, en vertu de la loi du 19 fructidor an V, portant que les décrets des 1er août, 17 septembre 1793 et 21 prairial an III, qui ordonnaient l'expulsion des Bourbons et la confiscation de leurs biens, seraient exécutés.

La vente, comprenant 714 arpents, fut faite au profit de M. Louis-Vincent Pommier, demeurant à Paris. Dans cette vente étaient comprises :

La ferme du Grand-Boitron, la propriété de la Bourdelle et une maison de berger au Palis.

Le 28 fructidor an VII, vente de la propriété par M. Pommier à M. Pierre-Laurent Hinguerlot, à Paris.

Le 28 pluviôse an XI, M. Hinguerlot cède à M. Louis-Barthélémy Bastide, banquier à Paris : la ferme des Chapelles, le Presbytère (pavillon des Chapelles), le bois du Haut-Champ, le bois du Pelleret.

Le 19 mars 1808, vente à M. Jacques Bérard, négociant à Paris.

En 1818, vente sur licitation à M. Pierre-Alexis Caron, agent de change à Paris.

En 1851, M. Granger, neveu de M. Caron, devient propriétaire de cette terre comme son héritier.

Enfin en 1862, M. Hastier est acquéreur de la ferme et des terres, dont il est aujourd'hui propriétaire.

Fermier, M. Pigeastre.

PAVILLON DES CHAPELLES

Cette propriété appartenait au moment de la Révolution, comme la ferme des Vieilles-Chapelles, à la famille royale de Bourbon-Penthièvre. Elle fut vendue nationalement et passa entre les mains de différents propriétaires.

En 1812, elle appartenait à M. Jacques Bérard, en 1818, à M. Caron ; en 1842 à Mme Caron, sa veuve ; en 1851 à M. Granger, neveu de M. Caron ; en 1862 à M. Peynaud et enfin en 1870 à M. Lecouvreur, le propriétaire actuel.

A la suite des bâtiments d'habitation se trouve un très beau parc, aménagé avec un grand soin, contenant des pièces d'eau, etc. Ce parc devait appartenir au château des Chapelles qui a disparu et qui se trouvait certainement du côté des Vieilles-Chapelles.

Pendant de longues années, avant 1789, le Pavillon des Chapelles qui est situé en face l'église, a servi de presbytère.

PIÈCES JUSTIFICATIVES

NOTICES HISTORIQUES ET BIOGRAPHIQUES

ANCIEN DIOCÈSE DE PARIS
ANCIEN DOYENNÉ DU VIEUX CORBEIL

MDLXXXII

1° Les Chapelles, église paroissiale de Saint-Vincent † l'an mil v et xxii. Paillard dit de la Chapelle.

Cloche (diamètre 85 centimètres).

Eglise dépourvue de tout intérêt, reconstruite dans le cours du xve siècle. La cloche, œuvre de la Renaissance, présente une élégante ornementation, composée de rinceaux, de dauphins, d'arabesques et d'armoiries. L'inscription ne contient que la date et le nom du seigneur qui possédait en 1522 la terre des Chapelles. Nous avons cru voir sur les écussons trois bottes de paille : ce seraient des armoiries parlantes.

Quelques années après la date gravée sur la cloche, en 1556, la seigneurie des Chapelles appartenait à Clérambault le Picart, du chef de sa femme Estiennette Paillart.

(Extrait de la collection de documents inédits par Guilhermy MDCCCLXXIX.)

Le Doyenné du Vieux-Corbeil occupait la rive droite de la Seine sur une longueur d'environ 80 kilomètres à l'Orient de Paris, depuis les limites de la banlieue jusqu'un peu au delà de Corbeil. Ce doyenné avait pour chef-lieu le village de Saint-Germain, dit du Vieux-Corbeil, qui n'était qu'un prolongement des faubourgs de la ville moderne, située sur l'autre rive du fleuve. Le nombre des paroisses comprises dans cette circonscription s'élevait à 61, savoir :

Maisons (Seine).
Créteil (Seine).
Bonneuil-sur-Marne (Seine).
Valenton (Seine-et-Oise).
Limeil (Seine-et-Oise).
Villeneuve-Saint-Georges (Seine-et-Oise).
Crosne (Seine-et-Oise).
Montgeron (Seine-et-Oise).
Vigneu (Seine-et-Oise).
Draveil (Seine-et-Oise).
Soisy-sous-Étioles (Seine-et-Oise).
Etioles (Seine-et-Oise).
Saint-Germain-du-Vieux-Corbeil (Seine-et-Oise).
Ormoy (Seine-et-Oise).
Le Perray (Seine-et-Oise).
Saint-Prix (Seine-et-Oise).
Morsan-sur-Seine (Seine-et-Oise).
Le Coudray (Seine-et-Oise).
Moissy-l'Évêque (Seine-et-Marne).
Lieusaint (Seine-et-Marne).
Evry-le-Château (Seine-et-Marne).
Limoges (Seine-et-Marne).
Lissy (Seine-et-Marne).
Vignolles (Seine-et-Marne).
Soulaire (Seine-et-Marne).
Coubert (Seine-et-Marne).
Grisy (Seine-et-Marne).
Grigny (Seine-et-Marne).
Gercy et Varenne (Seine-et-Oise).
Combs-la-Ville (Seine-et-Marne).
Perrigny (Seine-et-Oise).
Mandres (Seine-et-Oise).
Boussy-Saint-Antoine (S.-et-Oise).
Epinay et Quincy (Seine-et-Oise).
Brunoy (Seine-et-Oise).
Hierre (Seine-et-Oise).
Villecresne (Seine-et-Oise).
Marolles-en-Brie (Seine-et-Oise).
Senteny (Seine-et-Oise).
Servon (Seine-et-Marne).

Brie Comte-Robert (Seine-et-Marne).
Ferroles (Seine-et-Marne).
Attily (Seine-et-Marne).
Chevry (Seine-et-Marne).
Cossigny (Seine-et-Marne).
Lagrange-le-Roi (Seine-et-Marne).
Fourquetelles (Seine-et-Marne).
Liverdis (Seine-et-Marne).
Chastres (Seine-et-Marne).
Presles (Seine-et-Marne).
Grez (Seine-et-Marne).
Tournan (Seine-et-Marne).
Les Chapelles-Haouis (S.-et-Marne).
La Houssaye (Seine-et-Marne).
Neufmoutiers (S.-et-Marne).
Favières-en-Brie (Seine-et-Marne).
Ozoir-la-Ferrière (Seine-et-Marne).
Lezigny (Seine-et-Oise).
Sussy (Seine-et-Oise).
Boissy-Saint-Léger (Seine-et-Oise).

(Idem **GUILHERMY**.)

NEUFMOUTIERS

ÉGLISE PAROISSIALE DE SAINT-LEU ET DE SAINT-GILLES

1552

« Cy-git Noble damoiselle Estiennette Pailhard, damoiselle de Neufmoutier, Egrefin et Trois-Maisons, de l.. la Vieils Cha (1)................ Clérambault le Picart, escuier, seigneur de Atilli en Brye, laquelle trespassa le XVIIe jour de juing mil cinq cens cinquante-deux.

Priez Dieu pour elle. »

Dalle posée au pied du chœur engagée par l'extrémité inférieure sous le degré du sanctuaire.

Dessin très effacé. Inscription à peine lisible. La défunte a les mains jointes; elle est vêtue d'une longue robe à manches pendantes; deux écussons portaient ses armoiries et celles de son mari.

(1) La Vieille-Chapelle, Chapelle-Hoy; la paroisse que nous appelons les Chapelles, se divisait jadis en deux parties: la Chapelle-Vieille et la Chapelle-Neuve ou Chapelle Houis.

(Idem GUILHERMY.)

ÉGLISE

Édifice des xve et xvie siècles, restauré depuis, *ainsi qu'on le remarque aux contreforts du clocher*, aux fenêtres et aux moulures de l'intérieur. — Ni retrait, ni colonne; sanctuaire terminé en rond-point ; deux petites chapelles de chaque côté du chœur, formant une croix latine dont les croisillons sont étroits et non proportionnés avec la tête et le corps de la croix.

L'église est petite, voûtée d'un seul jet en lattis cintré, avec cinq poutres apparentes et montantes ; le clocher, à l'extrémité ouest, est lourd et flanqué de contreforts aux angles, couvert en bâtière et surmonté d'un petit fléchillon en ardoises. Sans intérêt.

La cloche est de la Renaissance, élégamment ornementée de rinceaux, de dauphins, d'arabesques, d'armoiries ; elle porte la date de 1522 et une inscription en très beaux caractères.

Dans l'église, inscription sur marbre noir, à la mémoire de *François-Antoine Caron, bienfaiteur* du village, a laissé 600 francs à la commune, né à Chamarande le 30 octobre 1763, mort à Paris le 6 mai 1835.

Dans le cimetière, derrière le clocher : tombes *de Laurent-Joseph Du Poirier, décédé en sa* maison de Beaumarchais à 76 ans, le 27 septembre 1815; de son épouse; de Germain Carré, référendaire à la Cour des Comptes, mort le 4 avril 1819, 69 ans ; de Adelaïde-Marie-Joséphine Du Poirier, veuve Carré, morte à Paris, le 17 mars 1846, 79 ans.

(Communiqué par M. LHUILLIER.)

GÉNÉRALITÉ
DE PARIS

ÉLECTION
DE ROZOY

PAROISSE
DES
CHAPELLES-BRETEUIL

Rôle de la taille, du taillon et autres impôts royaux afférents à chacun des contribuables de ladite paroisse.

1760

Rolle de taille et autres impositions de la paroisse des Chapelles-Breteuil, pour l'année 1760, fait par nous Jean Goyer, collecteur nommé *pour lad. année, ledit rolle montant* à la somme de 931 liv. 7 s. 6 d.; Sçavoir 905 liv. pour le principal de la taille; 19 liv. 7 s. 6 d. pour les 6 deniers pour livre, déduction faite de la cote d'office cent sols pour le scel du rolle et quarante *sols pour le droit de* quittance.

Plus avons imposé en marge du présent rolle et au marc la livre de la taille la somme de 370 livres, scavoir : 250 livres pour le quartier d'hiver et le logement des troupes, et 165 livres pour l'ustensile, le tout conformément au mandement à nous adressé par M. l'Intendant et messieurs les officiers de l'Élection de Rozoy, en datte du 19 novembre dernier, signé *Digue*; lesquelles sommes nous avons reparties sur le verso du présent rolle, ainsy qu'il suit :

PREMIÈREMENT

Plus pour le quartier d'hiver et l'ustensile.	
Néant.	Ambroise Goyer . . . . Néant.
Néant.	Somme. . . . . Néant.
	Denis Sautereau, *laboureur* avec quart de voiture sur autruy. 101 livres.
39 liv. 18 sols.	François Conord, scieur de long. 3 livres.
24 sols.	*Jean-Jacques-Aubin* Viat, *laboureur* à deux voitures sur autruy, solidairement avec son grand-père, deux cent quatre-vingt-onze livres, cy . . 291 livres.

Plus pour le quartier d'hiver et l'ustensile.	
4 liv. 16 sols.	Jean GOYER, manouvrier et collecteur. . . . . 12 livres.
4 livres.	Jean FRÉMONT, manouvrier . . . . 10 livres.
6 liv. 8 sols.	Jacques COLMARD, manouvrier. . . 16 livres.

Répartition de la capitation et de l'imposition pour les milices-gardes costes de la paroisse des Chapelles-Breteuil, pour l'année 1761 faitte par nous Jean Goyer, collecteur de lad. paroisse, nommé pour lad. année; lad. répartition faitte au marc la livre de la taille, montant à 415 livres, scavoir : 385 livres pour la capitation de lad. année 1760, non compris les quatre sols pour livre qui doivent être payés en sus de chaque cote de la capitation seulement, et celle de 30 livres pour l'imposition à cause de l'habillement et entretien des milices-gardes costes, le tout suivant le mandement à nous adressé par M. l'Intendant de la Généralité de Paris, en datte du 19 novembre dernier, signé : Bertier; lesquelles sommes, nous, Collecteur susd., avons réparties sur le recto du présent rolle, ainsy qu'il suit :

PREMIÈREMENT

Plus pour les milices-gardes côtes	
Néant.	Ambroise GOYER. . . . . Néant.
Somme néant.	Somme. . . . . Néant.
3 liv. 5 sols.	Denis SAUTEREAU. . . 41 livres.
	Une servante . . . . vingt sols.
2 sols.	François CONORD. . . vingt sols.

us pour les milices-gardes côtes	
9 liv. 9 sols.	Jean-Jacques-Aubin Viat. . . . 109 livres.
	Un charretier. . . . . 40 sols.
	Une servante. . . . . 20 sols.
	En tout. . . . . 3 livres.
8 sols.	Jean Goyer. . . . . . 100 sols.
6 sols.	Jean Frémont . . . . 4 livres.
10 sols.	Jacques Colmard. . . 6 livres.
32 sols.	Louis Goyer le jeune, manouvrier. 4 livres.
3 liv. 4 sols.	Louis Goyer l'aîné, manouvrier. . 8 livres.
10 liv. 6 sols.	Louis Goyer le jeune, manouvrier. 25 livres 15 sols.
4 liv. 16 sols.	La veuve André Chipot. 12 livres.
4 liv. 10 sols.	Maurice Huttin, manouvrier. . . . 11 livres 12 sols.
116 liv. 10 sols.	Nicolas Courcier, laboureur à deux voitures sur autruy. 293 livres.
40 sols.	Nicolas Germain, manouvrier.. . . 10.100 sols.
3 liv. 4 sols.	Pierre Bailly, manouvrier. . . . 8 livres.
51 liv. 16 sols.	Urbain Morin, laboureur à une voiture sur autruy, solidairement avec les nommés Pauchon et Richer de Tournan, adjudicataires de ses bleds, cottés d'office. . . . . . . 130 livres.
Néant.	Louis Goyer. . . . . . . Néant.

EXEMPTS :

M. le curé. . . . .

M. de Moras, seigneur. . . . . .

Nombre des habitants contribuables, contenus au présent rolle, *dix-sept* et de leurs voitures, *dix*.

Fait et arrêté le présent rolle, par ledit collecteur le cinq décembre 1760. Signé : GOYER.

Vu le présent déposé pour minute, en notre greffe, dont la grosse a été remise aux collecteurs et trouvé conforme à la commission, en conséquence rendu exécutoire contre chacun des y dénommés, nonobstant opposition ou appellations quelconques et sans y préjudicier. Signé : DENOYEUX.

Plus pour les milice-gardes côtes.		
3 sols.	Louis GOYER le jeune. .	40 sols.
5 sols.	Louis GOYER l'aîné. . .	3 livres.
16 sols.	Louis GOYER le jeune. .	10 livres.
8 sols.	La veuve CHIPOT . . .	100 sols.
8 sols.	Maurice HUTTIN	100 sols.
9 livres 9 sols.	Nicolas COURCIER, laboureur à deux voitures sur autry.	119 livres.
	Un charretier.	40 sols.
	Une servante.	20 sols.
	En tout.	3 livres.

Vu et trouvé conforme au mandement du 19 novembre dernier, signé : Bertier, en conséquence rendu exécutoire contre chacun des y dénommés, nonobstant opposition ou appellations quelconques, ce 12 décembre 1760.

Signé : DENOYEUX.

PAROISSE

DES

CHAPELLES-BOURBON

TAILLE RÉELLE
TAILLE PERSONNELLE

PAROISSE
LES CHAPELLES-BOURBON

Seigneur :

Mgr LE DUC DE PENTHIÈVRE.

DISTANCE du chef-lieu	DISTANCE de la Rivière	MESURES territoriales : perches pour arpents	MESURES territoriales : pieds pour perches
3 lieues	4 lieues	100	20

NOMBRE DE

Feux	Chevaux	Vaches	Bêtes à laine
10	25	90	700

ESTIMATION des BIENS de la PAROISSE

Classes	Jardins clos Chènevières	Terres labourables	Prés	Patures	Vignes	Bois
1re	15	7	12	...	...	10
2e	......	6	10	...	...	...
3e	......	5	8	1	...	...
Prix commun	15	6	10	1	...	10

TAILLE RÉELLE

EXPLOITATION DES FONDS	Classes	DISTRIBUTION DE L'EXPLOITATION DU TERRITOIRE DE LA PAROISSE : Jardins clos Chènevières	Terres labourables	Prez	Patures	Vignes	Bois	Total	REVENUS suivant les baux	REVENUS suivant l'estimation de la Paroisse	TAILLE de chaque objet	TAUX de la taille de chaque objet
Par les nobles et exempts.	1											
	2	......	......	....	....	....	800	800	....	8000 »	....	....
	3											
Par les privilégiés sujets à la taille d'exploitation . .	1											
	2	......	......	....	....	....	....	....	....	....	....	....
	3											
Par les habitants, en propre.	1	.... ½	......	....	....	....	....					
	2	......	......	....	....	....	....	.... ½	....	7 10	1 4	3 ¼
	3	......	......	....	....	....	....					
Par les habitants, à loyer. .	1	1 ½	35 ½	1	....	....	....					
	2	......	39	....	....	....	....	78	594	529 »	89 16	3 ¼
	3	......	1	....	....	....	....					
Par les fermiers en corps de fermes.	1	2	720	27	1	....	6					
	2	......	120	18	....	....	....	984	6000	6801 »	1150 4	3 ¼
	3	......	90	....	....	....	....					
Par les horsins, en propre.	1											
	2							»				
	3											
Par les horsins, à loyer. .	1											
	2							»				
	3											
Total des fonds cultivés.		4	1005 ½	46	1			1862 ½				
Friches. . . .												
Total des biens de toute nature. Les habitants exploitent sur les Paroisses voisines												
Reste pour le territoire de la Paroisse.												
Exploitation de . . . . : Moulins.												
Uzines												
Dixmes et Champarts.												
Cens, Rentes et Droits seigneuriaux . . .												
Occupation de . . . . . : Maisons en propre									....	24 »	12 »	» 65
Maisons à loyer.									488	....	12 4	» 65
TOTAL DE LA TAILLE RÉELLE.											1254 »	

DIVISION DU TERRITOIRE
PAR CLASSES

NATURE des BIENS	1re CLASSE	2e CLASSE	3e CLASSE	TOTAL
Jardins clos chénevière	1	...	..	4
Terres labourables	755½	159	91	1005½
Prez. . . .	28	18	.	46
Pâtures . .	1	...	..	1
Vignes. . .	...	...	..	...
Bois. . . .	806	...	..	806
Totaux. .	1594½	177	91	1862½

TAILLE
des années précédentes

NOMS des COMMISSAIRES	ANNÉES	TAILLE
	1767	1165
	1768	1595
	1769	1099
	1770	1105
	1771	1115
	1772	1450
M. Picaut. . . .	1773	1450
	1775	1390
	1776	1250
M. Picouard. . .	1777	....

TAILLE PERSONNELLE

Revenus en.	Moulins.	quart déduit.	» »	615 10		
	Uzines	id.	» »			
	Maisons occupée en propr.	id.	18 »			
	Maisons données à loyer.	id.	» »			
	Fonds exploités en propre		7 10			
	Fonds donnés à loyer.		» »			
	Rentes actives.		» »			
Industrie des.	Laboureurs.		430 »			
	Commerçants.		» »			
	Artisans.		» »			
	Journaliers.		130 »			
Cottes fixées						
Rentes passives à déduire.				30 »		
Reste pour la taille personnelle.				585 10	29 05	à 1 »

MOTIFS des augmentations et diminutions proposées relativement aux changements arrivés dans la situation de la Paroisse et Remises proposées pour les pertes et accidents extraordinaires.

		TAUX FIXE
Total de l'imposition.	1283 05	
Six deniers pour livre des collecteurs / Droit de quittance.	33 05	
Reste en taille effective.	1250 »	

On propose 158 fanes d'augmentation sur le gros de la taille, les fermiers n'étant pas à leur taux.

DIMINUTION

2/8. . . . . 392 »
40e. . . . . 34 »
} 426 »

TAILLE FIXÉ de la Paroisse suivant le brevet	CHANGEMENS proposés pour l'année: Augmentation	Diminution	TAILLE proposée: Année	Somme	TAILLE fixée: Année	Somme
fr.	fr.	fr.		fr.		fr.
1.250 »	158 »		1777	1.408 »	1777	1.300 »
1.503 »			1784	1.205 »		
1.746 »		426 »		1.320 »		1.320 »

COMMUNE DES CHAPELLES-BOURBON

ÉTAT DES BIENS SITUÉS SUR LE TERRITOIRE DE CETTE COMMUNE VENDUS NATIONALEMENT

NUMÉROS des ACTES	INDICATION des BIENS VENDUS	DATES des VENTES	NOMS des ACQUÉREURS	MONTANT des ADJUDICATIONS
46 J 7	2 arpents de terre et partie d'une plus grande pièce, provenant de la fabrique de l'église.	29 germinal an III.	Jean-Jacques HÉRICOURT, cultivateur, aux Chapelles.	2.325 »
46 J 8	Id.	Id.	Jacques PASCAL, marchand au même lieu. . .	3.050 »
46 J 9	1 arpent 50 perches de terre, de 3 arpents 3 1/2 (même origine).	Id.	Pierre DUQUESNE, marchand, à Boissy-sur-Moin.	2.075 »
46 K »	2 arpents de terre (surplus de la pièce ci-dessus).	5 floréal an III	Jean-Jacques HÉRICOURT, cultiv. aux Chapelles. .	3.500 »
K 2	3 arpents 50 perches de pré sis dans la Grande-Prairie ; provenant de la dite fabrique.	Id.	Louis FLEURY, march^d^. de bestiaux à Rozoy. .	4.625 »
K 3	1 arpent 50 perches de pré au même lieu, — Fabrique des Chapelles.	Id.	Gilles GALLOT, aubergiste, à Rozoy.	1.500 »

NUMÉROS des ACTES	INDICATION des BIENS VENDUS	DATE des VENTES	NOMS des ACQUÉREURS	MONTANT des ADJUDICATIONS
K 4	2 arpents 50 perches de pré (même lieu et même origine).	5 floréal an III	Pierre DUQUESNE, susnommé . . .	2.075 »
K 5	1 arpent 50 perches de pré, sis en la prairie de la Noue-l'Évêque,— Fabrique de l'église des Chapelles.	Id.	Louis FLEURY, déjà nommé. . . .	1.500 »
V 4	1 arpent 50 perches de pré, sis au même lieu. — Fabrique de Marles et des Chapelles.	25 Vendémiaire an IV.	Jean-Pierre-Agilles LESCLAVY, m[d]., à La Ferté-sous-Jouarre. .	26.200 » (en papier).
V 5	3 arpents 50 perches de pré, dans la Grande-Prairie. — Fabrique des Chapelles.	Id.	Jean-Baptiste, FLORISSON, march[d]., à Paris, *rue Denis*, n° 15. . .	56.000 »
V 8	1 arpent 50 perches de terre, sis à la Plançonnière (la dite fabrique).	Id.	Jean-Pierre-Agilles LESCLAVY .	10.500 »
V 9	1 arpent de 50 perches de terre, au Taillis du Robinet (ladite fabrique).	Id.	Jean-Baptiste FLORISSON.	11.100 »
X »	1 arpent 50 perches de terre, sis au Pré-Messant (ladite fabrique).	Id.	Jean-Pierre LESCLAVY..	30.100 »

NUMEROS des ACTES	INDICATION des BIENS VENDUS	DATES des VENTES	NOMS des ACQUÉREURS	MONTANT des ADJUDICATIONS
46 X 1	1 arpent 50 perches de terre, au Champ de Joue. Fab. des Chap	25 Vendémiaire an IV.	Jean Pierre Agilles LESCLAVY, susnommé	30.100 »
52 S 7	Presbytère, bâtiments et dépendances provenant de la cure des Chapelles	6 Messidor an IV.	Louis LAMBIN, demeurant à Marles	2.700 »
59 E 9	8 arpents 1/2 de terre, en 4 pièces	14 Fructidor an IV.	Jean Jacques HÉRICOURT, cultivateur aux Chapelles	4.360.19
64 O 2	1° La ferme dite des Chapelles-Breteuil bâtiments, jardins et terres en dépendant 2° La ferme du Grand-Boitron, bâtiments et moitié des terres en dépendant sis à Châtres 3° La maison de la Bourdelles, terres et prés, sis audit lieu de Châtres 4° La maison du Berger sise au Paly (Châtres) le tout contenant 714 arpents 50 perches	8 Nivôse an VI.	Louis Vincent POMMIER, propriétaire à Paris...	1.801.200 »

NUMÉROS des ACTES	INDICATION des BIENS VENDUS	DATES des VENTES	NOMS des ACQUÉREURS	MONTANT des ADJUDICATIONS
64 O 3	La ferme du château de La Mothe-Champrose bâtiments, emplacement du château et 614 arpents 92 perches d'héritages; le tout situé tant aux Chapelles qu'à Tournan.	8 Nivôse an VI.	Joseph Florentin SELOT et Jean Baptiste LEBRUN de Rochemont..	1.830.000 »
65 H 6	Le château de Champrose, bâtiments, cour, basse-cour, avenue, jardin potager et parc, contenant ensemble 100 arpents	An VI. 24 Messidor.	Pierre SPONVILLE, Pierre JONNET et Jean-Joseph-Marie BLONDEL.	1.202.000 »
65 L »	Le bois des Clos, contenant 2 arpents ...	Id.	Sébastien-Marin DOLIMIER, à Paris	12.700 »
L 1	Le bois des Vieilles-Chapelles, en 3 parties, de 5 arpents, 66 perches.	Id.	Id.	47.000 »
L 2	Le bois dit de la Garenne des Chapelles 25 arpents	Id.	Id.	230.000 »
L 3	Le bois appelé La Bretèche, de 7 arpents 88 perches.	Id.	Jean-Simon DELIENNE, à Paris.	86.000 »
67 S 8	24 arpents de pré, en une pièce, au Ménillet	4 Thermidor. an VII.	François-Conrard PAUPE, fournisseur des verreries pour la République.......	3.125 »
68 J 8	1 arpent de terre, en une pièce, lieudit le Taillis du Robinet-provenant de la fabrique des Chapelles	24 Brumaire, an VIII.	Nicolas LEFRANC, demeurant à Meaux	97 »

En regard des articles 64, *O*, 2. — 64, *O*, 3. — 65, *H*, 6. — 65, *L*, 1 — 65, *L*, 2. — 65, *L*, 3. — *et* 67, *S*, 8. *est la mention suivante; Expulsée dame veuve Philippe-Joseph d'Orléans, demoiselle de Penthièvre.*

BIOGRAPHIE UNIVERSELLE (Michaud).

Etienne Jodelle, sieur du Lymodin, né à Paris en **1532**, fut le premier qui imagina de composer des tragédies à l'imitation de celles des Grecs, c'est-à-dire avec des prologues et des chœurs. — Ces tragédies sont « *Cléopâtre captive* » et « *Didon se sacrifiant* ». La première fut jouée en **1552**, à l'hôtel de Reims, et ensuite au collége de Boncour, en présence de Henri II, qui récompensa généreusement l'auteur, en le gratifiant d'une somme de 500 écus, « d'autant, dit Pasquier, que c'était chose nouvelle et très rare ». Jodelle lui-même représentait Cléopâtre, les autres rôles étaient joués par des poètes de ses amis, Remi Belleau, Jean de la Péruse, etc.

Ceux-ci, passant le carnaval à Arcueil, avec Jodelle, s'avisèrent, pour lui faire honneur, de célébrer une de ces fêtes à Bacchus qui, chez les Grecs, donnèrent naissance à la tragédie. Ils lui amenèrent un bouc orné de guirlandes, autour duquel ils dansaient et chantaient en chœur des dithyrambes de leur composition. L'affaire fit du bruit, et manqua leur être funeste ; on ne les accusait de rien moins que d'idolâtrie, et même d'athéisme.

Quoiqu'il jouît aussi de la protection de Charles IX et qu'il fût un des poètes de la Pléïade française, Jodelle, peut-être trop ami de ses plaisirs et trop prodigue de son argent, mourut à Paris dans la misère, en juillet 1573, âgé de 41 ans. — On assure qu'il avait des connaissances en architecture, peinture et sculpture. Il possédait aussi les langues grecque et latine, et il a laissé des poésies dans cette dernière langue.

Il n'a paru que le premier volume de ses œuvres, sous ce titre :

« *Les œuvres et mélanges* »
d'Estienne Jodelle, sieur de Lymodin
MDLXXIIII
chez Nicolas Chesneau.

Ce livre de 308 pages, publié après la mort de Jodelle, par les soins de son ami Charles de la Mothe, contient les pièces suivantes :

Sonnets. — Amours. — Contr'amours. — Chansons. — Élégies. — Épithalames. — Discours. — Tombeaux. — Comédie. — Tragédies.

EXTRAIT DE LA PRÉFACE

DES ŒUVRES DE JODELLE

ÉCRITE PAR CHARLES DE LA MOTHE

Il y avait bien peu de seigneurs aisez qui n'eust un clerc, qui mettoit en ryme Françoise la pluspart de leurs Romans, desquels on en voit encore plusieurs escrits de ce temps là en aucunes maisons de France. Certainement cet abus nuisit plus à la Poësie, que n'avoyêt fait les oppressions des Romains, et le changement de la Religion. Et en France elle eust esté du tout abolie, si en cet aage dernier le Roy François premier, restablissant les bonnes lettres, n'eust incité plusieurs esprits excellents qui sourdirent en la fin de son règne, et au commencement de celuy de son fils Henry; lesquels prenant ceste ancienne vigueur Françoise, remirent sus la docte Poësie en leur langue. De ceux-là le premier et le plus hardy fut Pierre de Ronsard, gentilhomme Vandomois, qui se fit autheur et chef de ceste brave entreprise, contre l'ignorance et rudesse de ne sçai quels Chartiers, Villons, Cretins, Creves, Bouchets, et Marots, qui avoyêt escrit aux règnes précédês; et a tracé le chemin aux autres qui l'ont suivy. Le premier qui après Ronsard se fit cognoistre en ceste nouvelle façon d'escrire, ce fut Estienne Jodelle, noble Parisien: car dès l'an

1549 l'on a veu de luy plusieurs Sonnets, Odes et Charontides : et 1552 mit en avant, et le premier de tous les Français donna en sa langue la Tragedie, et la Comedie, en la forme ancienne. En ce têps là aussi apparurent Baïf, et du Bellay, très doctes Poëtes, et autres en grand nombre, lesquels ont de leur vivant publié leurs escrits, ce que Jodelle ne voulut oncq faire, mais après sa mort ses amis plus soucieux de sa mémoire que luy-mesme, et pour l'honneur de la France, ont recueilly ce qu'ils ont peu de ses œuvres égarées, et de partie d'icelles ils ont fait imprimer ce premier volume de Meslanges, pendant que l'on preparera autres volumes de choses mieux choisies et ordonnées. Car expressément l'on a meslé en ce volume plusieurs pieces faites par l'autheur aux plus tendres ans de sa ieunesse, comme la Tragedie de la Cleopâtre, et la Comedie d'Eugene, et quelques Chansons, Sonnets, et Odes *que l'on pourra discerner plus* faibles que plusieurs autres faites depuis, affin que l'on cognoisse quel a esté l'autheur en ses escrits, et en son adolescence, et en la suite de son aage plus viril.

On y a mis aussi aucuns poëmes imparfaits, parce que l'on a encore peu recouvrer le reste : Et a-t-on pensé (quelques imparfaits qu'ils soyent) que ce qui y est ne laissera de plaire, et proffiter aux lecteurs : De ceux-là aux Lecteurs : De ceux-là sont les Contr'-Amours, qui doivent contenir plus de trois cens Sonnets : les Discours de Cesar au passage du Rubicon, qui se doivent monter à dix mille vers pour le moins, la Chasse qui n'est ici à moitié, et contre la Prière Venus, que l'autheur pour sa maladie ne peut parfaire. Au recueil de ses œuvres nous ont aidé, Messire Charles, Archevesque de Dol, de l'illustre maison d'Espinay, qui estant en Bretagne comme un Phare éclairant par ses vertus ceste coste de la France, a fait tousjours cas des poësies de cette autheur, jusqu'à faire quelquesfois représenter somptueusemêt aucunes de ses Tragedies : Messire Philippes de Boulainvillier Côte de Dampmartin, seigneur très-vertueux : et l'ancien ami de Jodelle, Henry Simon : Aussi le sieur de Brunel, qui par la félicité de sa mémoire et de son esprit y a restitué quelques vers oubliez. Jouisse dôc le Lecteur de ceci cependant : Et avant que juger de ceste Poësie : il le prie de noter deux choses : l'une, que ores que par icelle lon peut bien appercevoir que l'autheur avoit bien leu, et entendu les anciens, toutes fois par une superbe asseurance ne s'est oncques voulu assuiettir à eux, ains a tousiours suivi ses propres inventions, fuyant curieusement les imitations, sinon quand expressément il a voulu traduire en quelque Tragedie : tellement que si lon trouvoit aucun trait que lon peut recognoistre aux anciens, ou autres precedens luy, ç'a esté par rencôtre, non par imitation, côme il sera aisé a iuger en y regardant de pres. L'autre, que qui remarquera la propreté des mots bien observee, les phrases, et figures bien accommodees, l'elegance et maiesté du langage, les subtiles inventions, les hautes conceptions, la parfaite suite et liaison des Discours, et la brave structure et gravité des vers, ou il n'y a rien de chevillé : se trouvera si affriandé en ce style d'escrire singulier, et possible encore non accoustumé entre les François, que si après il prend les œuvres de plusieurs autres, il s'endegoustera tant qu'il ne voudra plus lire ny estimer autres escrits que de Jodelle. Mais outre cela qui par la lecture de ses œuvres se peut recueillir, nous ne pouvons celer aux Lecteurs une chose quasi-incroyable, c'est que tout ce que lon voit, et que lon verra composé par Jodelle, n'a iamais esté faict que promptement, sans estude, et sans labeur : et pouvons avesques plusieurs personnages de ce temps, tesmoigner, que la plus longue et difficile Tragedie ou Comedie, ne l'a iamais occupé à la compeser et escrire plus de dix matinées : mesmes la Comedie d'Eugene fut faite en quatre traittes. Nous luy avons veu en sa première adolescence composer et escrire en une seule nuict, par gageure, cinq cens bons vers Latins, sur le suiet que promptement on luy bailloit.

Tous ses sonnets, mesmes ceux qui sont par rencontres, il les a tous faicts en se promenant, en s'amusant par fois à autres choses, si soudainement que quand il nous les disoit, nous pensions qu'il ne les eut encore commencez. Bref, nous ne croirons iamais qu'aucune autre nation de tout le temps passé ait eu un esprit naturellement si prompt et adextre en ceste science. Il a beaucoup escrit en l'une et l'autre langue, et plus que autre Poëte Grec ou Latin, moderne ou ancien, que nous ayons, car nous espérons faire mettre en lumière encore quatre ou cinq aussi gros volumes que cestuy-cy : Et, en outre cela, plusieurs avec nous, certifieront que nous avons veu perdre de ses œuvres non recueillies; plus que six tels volumes que cestuy-cy ne pourroyent contenir. Il a escrit aussi plusieurs oraisons frācoises. Et certainement Jodelle n'excelloit pas seulement en l'art de la Poësie mais quasi en tous les autres : Il estoit grand Architecte, tres docte en la Peinture et Sculpture, tres eloquent en son parler, et de tout il discouroit avec tel iugement, comme s'il eust esté accompli de toutes cognoissances. Il estoit vaillant et adextre aux armes, dont il faisoit profession. Et si en ses mœurs particulières, il se fust autant aimé, comme il faisoit en tous ces exercices de son esprit, sa mémoire eust esté plus celebre pendant sa vie, et il eust plus vescu pour son païs, et pour ses amis qu'il n'a fait. Mais mesprisant philosophiquement toutes choses externes, ne fut cogneu, recherché, ny aimé que maugré luy, et se fia trop en sa disposition, et en sa ieunesse. Si est-ce que les Roys Henry deuxième et Charles neufieme, l'aimèrent et estimèrent, Charles Cardinal de Lorraine le fit premièrement cognoistre au Roy Henry, la Duchesse de Savoye sœur de ce Roy et le Duc de Nemours, sur tous le favoriserent grandement. Or il *mourut* l'an *mil cinq* cens septante trois, en Juillet, aagé de quarante et un ans, ayant encor en son extreme foiblesse faict ce Sounet (qui est la dernière chose par lui composée) qu'il nous récita de voix basse et mourante, nous priant de l'envoyer au Roy, ce qui ne fut pas fait, pour n'avoir eu besoin de ce que plus par cholere que par nécessité il sembloit requerir par iceluy.

Alors qu'un Roy Pericle Athenes gouverne,
Il aima fort le sage et docte Anaxagore,
A qui (comme un grand cœur soy-mesme dévore)
La libéralité l'indigence amena.

Le Sort, non la grandeur, ce cœur abandonna,
Qui pressé se haussa, cherchant ce qui honore
La vie, non la vie, et repressé encore
Plustost qu'à s'abaisser, à mourir s'obstina.

Voulant finir par faim, voilla son chef funeste.
Pericle oyant ceci accourt, crie et déteste
Son long oubli, qu'en tout réparer il promet.

L'autre tout resolu luy dit (ce qu'à toy, Sire;
Delaissé, demi-mort, presque ie puis dire)
Qui se sert de la lampe au moins l'huile y met.

Facent les mespriseurs de la Poësie et les envieux de Jodelle, tel iugemêt de luy et de ses escrits qu'ils voudront, si auront ses vers de soy assez de force et de valeur, pour emporter le los qu'ils méritent, et en ce siècle, et aux autres qui nous suivent. Et quant à luy, tant que les François se souviendront de leur vieil honneur et mérite vers les Muses (desquelles ils ont esté de tous temps nourrissiers) ils ne devront estre ingrats à la mémoire de cestuy leur nourrisson, possible le plus agréable qu'elles oyent eu depuis les Bards et, qui tousiours ses œuvres n'a dressé qu'à la gloire de la France.

Charles de la MOTHE.

AUX CENDRES DE CLAUDE COLLET

Il me faut contenter, pour mon devoir te rendre,
De tesmoigner tout bas à ta muette cendre,
Bien que ce soit en vain,
Que ceste horrible Sœur qui a tranché ta vie
Ne trancha point alors l'amitié qui me lie,
Ou rien ne peut sa main.

Que les fardez amis, dont l'amitié chancelle
Sous le vouloir du sort, évitent un Jodelle
Obstiné pour vanger
Toute amitié rompue, amoindrie et volage
Autant qu'il est amy des bons amis que l'âge
Ne peut jamais changer.

Sois moy donc un tesmoin, ô toy tumbe poudreuse
Sois moy donc un tesmoin, ô toy fosse cendreuse,
Qui t'anoblis des os
Desja pourris en toy, sois tesmoin que j'arrache
Maugré l'injuste mort, ce beau nom, qui se cache
Dedans ta poudre enclos.

Vous qui m'accompagnez, ô trois fois trois pucelles,
Qu'on donne à ce beau nom des ailes immortelles,
Pour voler de ce lieu
Jusqu'à l'autel que tient votre mère Mémoire,
Qui, regaignant sans fin sur la mort la Victoire
D'un homme fait un Dieu.

Pour accomplir mon vœu, je vois trois fois espandre
Trois gouttes de ce laict dessus la seiche cendre,
Et tout autant de vin,
Tien, reçoy le cyprès, l'amaranthe et la rose,
O cendre bien heureuse et mollement repose
Icy, jusqu'à la fin.

(Estienne Jodelle.)

DE GARLANDE

La maison de Garlande, qui depuis de longues années, n'a plus de représentant, tirait son nom du château de Garlande près La Houssaye, aujourd'hui détruit. Les Garlande, étaient seigneurs d'un grand nombre de fiefs du pays, notamment de la Houssaye, de Tournan, des Chapelles, etc. Cette famille a donné à la France des serviteurs illustres dans l'armée, la judicature et le clergé. Il faut citer :

Ansel de Garlande qui mourut en 1117. Le roi Louis VI dit le Gros l'avait nommé maréchal en 1108, puis ministre. Chargé de soumettre plusieurs seigneurs rebelles, il fut tué par le sire du Puiset dont il assiégeait le château.

Son frère Estienne fut archidiacre de Paris, chancelier de France, sénéchal du royaume. Il mourut en 1150. Ce fut lui qui fit élever à Paris l'église de St-Aignan, en 1118, c'est-à-dire presqu'à la même époque où une de ses parentes, Haoüis de Garlande, fondait dans la Brie, les deux chapelles qui devaient être l'origine de la commune actuelle des Chapelles-Bourbon (1080).

Jean de Garlande, poète et grammairien du XIIIe siècle, appartenait sans doute à cette illustre maison ; il était de nationalité anglaise, mais il devait être d'origine française.

LE TONNELIER DE BRETEUIL

La famille de Breteuil est de noblesse très ancienne et a tenu autrefois un rang élevé dans les conseils du souverain. L'un des membres les plus illustres de cette maison, qui en compte un si grand nombre, fut le baron de Breteuil, né en 1733 à Preuilly, en Touraine, mort à Paris en 1807, et qui fut ambassadeur en Russie, en Suède, en Hollande, à Vienne, fut chargé du département de la maison du roi et du gouvernement de Paris, puis fut placé à la tête du ministère qui remplaça Necker.

Les de Breteuil étaient seigneurs de la paroisse des Chapelles, alors appelées « Les Chapelles-Breteuil ».

Au mois de novembre 1884, un violent incendie détruisit le château de Breteuil situé en Seine-et-Oise, appartenant à M. le comte de Breteuil.

Dans ce sinistre, ont été malheureusement anéantis : tous les papiers, titres, parchemins de la famille, toutes ses archives;

Toutes les correspondances du marquis de Breteuil, ministre de la guerre en 1730, avec le maréchal de Saxe, Maillebois, Broglie, Soubise ; les correspondances de la marquise du Châtelet, née Breteuil, avec le roi de Prusse, avec Voltaire, d'Alembert, Diderot, Richelieu ;

La correspondance de Berwick avec le baron de Breteuil pendant la guerre d'Espagne ;

Celle du baron de Breteuil avec Marie-Thérèse, Kaunitz, Mercy, Louis XVI, etc., ainsi qu'un grand nombre de lettres de Louis XIII, Louis XIV et Louis XVI.

DUC DE PENTHIÈVRE

(L.-J.-Marie de Bourbon, duc de), fils du comte de Toulouse et dernier héritier des fils légitimés de Louis XIV, né à Rambouillet en 1725, perdit son père à 12 ans, servit sous le maréchal de Noailles, se distingua aux batailles de Dettingen, de Fontenoy, et garantit la Bretagne d'un débarquement des Anglais. Ayant quitté le service, il vécut depuis dans sa belle résidence de Sceaux, exerçant toutes les vertus. Il eut le chagrin de voir mourir jeune son fils, le prince de Lamballe, et survécut aussi à sa belle-fille, si cruellement égorgée en 1792. Il mourut à Vernon en 1793. Son nom fut longtemps populaire et il est encore vénéré. Florian, son protégé, lui a dédié ses Fables. La « Vie du duc de Penthièvre, par Mme Guénard, est un roman. Ses « Mémoires », publiés par Fortaire 1808, in-12, sont plus exacts.

Remarque *curieuse : en 1780 la commune de* Ferrols le nomma son maire, fonctions qu'il accepta.

Avant la Révolution, il était seigneur de Brie-Comte-Robert, Tournan, Crécy, Ferrols, Attily, *Lesigny, etc., et enfin des Chapelles-Bourbon,* paroisse à laquelle il avait donné son nom.

MARÉCHAL AUGEREAU

Augereau (P.-F.-Ch.), duc de Castiglione, maréchal de France, né à Paris en 1757, était fils d'un maçon et d'une fruitière. Il s'engagea de bonne heure, se distingua en Vendée et aux Pyrénées, et fut, dès 1794, nommé général de division. Envoyé en Italie (1796) il fit des prodiges de valeur au pont de Lodi, à Castiglione, où, avec un faible corps de troupes, il arrêta pendant deux jours une armée nombreuse; à Arcole, où voyant plier les colonnes françaises, il se jeta, dit-on, au milieu des ennemis un drapeau à la main, et rappela ainsi la victoire. En 1797, il fut investi du commandement de Paris. En 1799, il devint député au Conseil des Cinq-Cents et secrétaire de cette assemblée. Plus tard, le Premier Consul le chargea du commandement de l'armée de Hollande. En 1804, il reçut de l'empereur le titre de maréchal et fut fait duc de Castiglione, en souvenir d'un de ses principaux exploits. Il commanda encore avec distinction sur le Rhin et en Prusse, et eut une grande part aux victoires d'Iéna (1806) et d'Eylau (1807). Il fut moins heureux en Catalogne et ne fut chargé que d'un rôle secondaire pendant l'expédition de Russie; cependant, il se signala par son courage à la bataille de Leipzig.

Augereau était un soldat intrépide. Il mourut en 1816 dans son château de La Houssaye. La terre de Champrose lui appartenait.

JULES BASTIDE

M. Bastide, né le 22 novembre 1800, est décédé le 3 mars 1879.

Il prit une part active aux luttes politiques contre la Restauration, fut un des combattants de 1830 et arbora, dit-on, le premier, le drapeau tricolore au faîte des Tuileries. La Monarchie de Juillet le compta également parmi ses plus ardents adversaires.

Il collabora avec un talent remarqué au *National*, puis à la *Revue Nationale*.

En 1848, M. Bastide avait sa place toute marquée dans les conseils du nouveau gouvernement ; il entra au ministère des affaires étrangères, comme secrétaire général, avec Lamartine. Après la formation de l'Assemblée nationale, il fut nommé ministre du même département, et donna sa démission après le 10 décembre.

En 1859, il publia deux volumes sur les *Guerres de Religion en France*. On a aussi de lui l'*Histoire parlementaire de la Révolution Française*, l'*Histoire de l'Assemblée Législative* et un ouvrage sur l'*Éducation publique en France*.

Depuis qu'il vivait écarté de la lutte politique, M. Bastide s'était retiré dans sa terre du Lymodin, dont fait partie la Jodelle.

Son fils M. Jules Bastide est aujourd'hui conseiller général du département de Seine-et-Marne, pour le canton de Rozoy.

LE GÉNÉRAL DE BERTHOIS

Le général de Berthois était fils du colonel de Berthois de la Rousselière appartenant à l'arme du génie, mort dans une révolte militaire « ayant bien mérité de la Patrie » ainsi que le décréta l'Assemblée nationale (juin 1792).

Auguste-Marie de Berthois, décédé le 15 février 1870, était né le 17 mai 1787.

En 1814, à la chute de l'Empereur, Berthois avait prit part à 3 sièges et à 34 batailles, combats ou tranchées; il n'avait pas encore 28 ans. Il fut placé alors dans le génie de la maison du Roi et nommé chevalier de St-Louis. Le 12 décembre 1820, Louis XVIII lui accorda le titre de baron. Le duc d'Orléans le prit comme aide-de camp en 1827. Le 12 septembre 1833, à la suite du siège d'Anvers, il fut nommé colonel et le 21 novembre 1838, maréchal de camp.

En 1841, il se distingua dans différents engagements en Algérie où il était allé faire des études spéciales.

Depuis 1839, il représentait l'arrondissement de St-Malo à la Chambre des Députés.

En 1848, un décret du gouvernement provisoire mit d'office à la retraite le général de Berthois. Il était général de division et grand officier de la légion d'honneur.

Le général de Berthois tenait le château de Beaumarchais de sa femme, Mlle Lanjuinais.

TABLE

Paris-Imp PAUL DUPONT, 41, rue Jean-Jacques-Rousseau. 2772.12.85.

www.ingramcontent.com/pod-product-compliance
Lightning Source LLC
Chambersburg PA
CBHW050015100426
42739CB00011B/2651
9782011169907